국어샘과
진로샘이
함께 만든

진로독서

국어샘과
진로샘이
함께 만든

진로독서

김영찬 외 지음

우리학교

꿈을 찾아 나서는 청소년들에게

사람은 누구나 행복한 삶을 살고자 하는 꿈을 가지고 있습니다. 더욱이 청소년기는 다양한 꿈을 가지고 자신의 꿈을 실현하기 위해 고민하고, 시도하고, 노력하는 시기입니다. 청소년기가 아름다운 이유는 바로 이렇게 꿈을 위해 도전할 수 있는, 무한한 가능성이 넘치는 시기이기 때문이지요. 그래서 어느 수필가는 이러한 시기에 이상을 향해 도전하는 것을 가리켜 '청춘이 누리는 특권'이라고 이야기했습니다.

청소년기에는 자신의 적성, 흥미, 능력, 신체적 특성, 가치관 등에 대해 알아보고 미래에 선택할 직업에 필요한 지식, 기능, 태도 등 일과 관련한 자질에 대해 탐색할 필요가 있습니다. 이러한 활동을 '진로 탐색'이라고 하는데, 청소년기의 진로 탐색에는 단순히 자신에게 알맞은 직업을 찾는다는 것 이상의 의미가 있습니다. '진로'란 한 개인이 인간답게 살아가기 위해 하는 일과 삶 전체라고 할 수 있기에 진로 탐색은 보람 있는 삶을 위한 설계라고 할 수 있지요.

이 책은 청소년 개인의 성격 유형이나 행동 양식이 직업 선택에 중요한 영향을 미친다고 본 미국의 진로심리학자 홀랜드(John L. Holland)의 이론에 따른 6가지 직업 흥미 유형(현실형, 탐구형, 예술형, 사회형, 기업형, 관습형)을 기준으로 구성했습니다. 자신의 흥미 유형에 맞는 독서를 통해 진로를 탐색할 수 있도록 했지요. 즉, 직업 흥미 유형과 가장 관련이 깊다고 여겨지는 직업을 세 가지씩 제시하고, 독서 지도를 전문적으로 연구해 온 국어 선생님들이 진로 탐색에 도움이 되는 책 18권을 엄선해 직접 읽어 보고 활동할 수 있도록 책의 일부를 수록하고 학습 활동도 제시했습니다. 또한 진로지도 선생님들은 청소년들이 선택하게 될 직업의 세계를 자세히 안내하고 진로와 관련된 학생들의 다양한 궁금증에 대해 실질적인 답변을 마련했습니다.

그러니까 이 책은 단순히 진로와 관련된 책을 소개하는 안내서가 아니라, 자신의 직업 흥미 유형에 따라 직접 독서를 하고 진로에 대해 고민해 볼 수 있게끔 한 '맞춤형 독서프로그램'입니다.

청소년기를 살아가는 여러분들은 이 시기에 나를 발견하고 미래를 꿈꾸며 현실의 어려움을 헤쳐 나갈 지혜가 필요합니다. 이러한 과정에 독서가 무엇보다 좋은 친구가 될 것입니다. 책에서 만나는 주인공이 선택한 직업과 삶의 여정이 자신의 성격 유형이나 가치관과 얼마나 비슷한지, 그리고 그러한 인물이 어떻게 역경을 이겨 내는지 따라가다 보면 진로 탐색에 도움이 될 뿐만 아니라 삶을 살아가는 데 큰 위안과 용기를 얻을 수 있을 것입니다. 책은 나와 세상을 비추는 우물입니다. 청소년 여러분들이 이 깊고 시원한 책 우물에서 내일의 꿈을 힘차게 길어 올리기를 바랍니다.

지은이를 대표하여 김영찬

|차례|

사회형

기업형

관습형

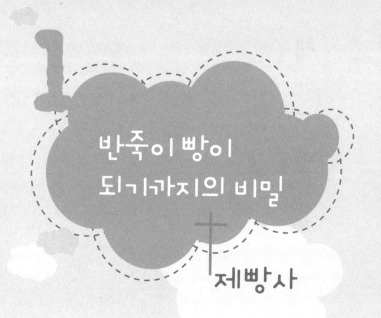

반죽이 빵이
되기까지의 비밀

제빵사

>> 『내일은 바게트』
이은용 지음 | 문학과지성사

　　주인공 미나가 다니는 학원은 일반 아이들이 다니는 곳하고는 조금 다릅니다. 또래 집단이 아니라 나이, 직업, 삶의 환경 등이 다양한 사람들이 고등학교 졸업 학력을 인정받기 위해 공부하는 검정고시학원입니다. 이 학원 '대검 3반'에 소속된 미나는 철이 들기도 전에 부모님을 여의고, 공부밖에 모르는 철부지 남동생 경환을 돌보며 살아가는 소녀 가장입니다. 힘든 상황 속에서도 살아보려고 노력하는 미나에게 세상은 친절하지 않습니다.

　　중학교 때 친구들은 미나를 '미나리'라고 부르며 놀렸습니다. 그래서 미나리 비슷한 시금치도 싫어하게 되었지만 고등학교에서 가서도 친구들의 놀림은 계속되었지요. 어떻게든 고등학교 졸업은 해야겠다는 마음으로 힘든 학교생활을 버티던 미나는 결국 자퇴를 선택하게 됩니다. 내성적인 아이 '양수'를 놀리는 아이들에게 한마디 한 것이 발단이 되어 아이들 사이에 싸움이 벌어졌는데, 먼저 문제를 일으킨 아이들 부모의 거센 항의에 그 아이들이 반성문을 쓰는 동안 미나는 자퇴서를 쓰고 학교를 그만둔 것입니다.

　　주유소, 편의점, 구자혁 빵집 등으로 전전하는 아르바이트 생활은 쉽지 않았습니다. 게다가 공부밖에 모르던 동생 경환의 사고와 가출은 미나를 더욱 힘들게 했습니다.

　　언젠가는 어른이 되겠지만, 미나는 미래를 그려 볼 여유조차 갖지 못합니다. 당장 먹을 쌀과 밀린 방세를 마련해야 하는 현실 앞에서 뭔가를 하고 싶거나 되고 싶다는 꿈은 너무 먼 것처럼 느껴졌지요.

미나에게 보이는 꿈의 색깔은 잿빛입니다. 아무것도 보이지 않고 그저 뿌옇게 흐려져 있는 잿빛 하늘. 이런 하늘이 미나가 마음껏 꿈꿀 수 있는 파란 하늘로 바뀌는 날이 올까요? 미나는 구자혁 빵집에서 다시 일을 하게 되었습니다. 생활비를 벌기 위해 일했던 주유소, 편의점을 거쳐 만나게 된 구자혁 빵집은 미나의 꿈을 어떻게 열게 해 주었을까요?

겉은 거칠고 단단하지만 속은 부드러운 바게트처럼 미나의 삶은 거칠고 팍팍해 보입니다. 그 속에서 부드러운 꿈이 자라고 있다는 것을 알기까지 오랜 시간이 필요한지도 모릅니다.

빵을 만드는 것이 아니라 삶을 만드는 것이라는 구자혁 빵집 제빵사 아저씨의 완고한 철학을 미나가 어떻게 배우고 받아들이게 되는지, 이제부터 여러분도 바게트 빵을 만나러 여행을 떠나 보지 않을래요?

한참을 걸어서 나는 오랜만에 그 자리에 섰다. 매일 바라보았던 곳. 불안하게 빛나던 빵집의 간판. 구자혁 빵집이 보였다. 코끝을 간질이는 냄새, 혀에 감기는 부드러운 촉감, 식도를 타고 넘어가는 순간의 느낌까지 모든 것이 생생했다. 건너편 베이커리의 크고 화려한 간판 앞에서 구자혁 빵집은 힘없이 버티고 있었다. 그래도 아저씨는 빵을 굽고 있겠지.

어렵게 자격을 얻은 반죽들이 오븐 안에서 천천히 부풀어 오르는 모습이 눈에 선했다.

"경이로운 순간이지."

아저씨는 그렇게 말했다.

"여기까지 오는 과정은 힘들지만, 결국 이렇게 부풀어 오르는구나."

"발효액종을 밀가루랑 섞어 주는 원종 단계에서도 부풀었잖아요. 하지만 그땐 오븐에 들어가는 게 아니라면서요."

내 말에 아저씨는 전에 없이 소리 내어 웃었다.

"당연하지. 그건 진짜 반죽을 만들기 위해서 거쳐 가는 단계지, 그 자체가 빵이 될 수는 없어. 그때 부풀어 오른 반죽은 다시 여러 번 밀가루랑 섞어 줘야 해. 숨을 죽인 반죽이 다시 발효돼서 올라올 수 있도록. 겉으로 보기에는 비슷해 보여도 그건 이전과는 분명 다른 반죽이다. 숙성 과정을 거치면서 훨씬 활발하게 발효가 진행되고 있는 거거든. 그런 과정을 거치고 나서야 비로소 최종 원종이 되는 거고, 거기에 빵을 만들 나머지 재료를 섞어 주는 거지. 최종 발효 때에도 중간중간 가스를 빼 주면서 반죽을 살펴야 해. 사정없이 부풀어 오른다고 좋은 게 아니니까."

"너무 복잡해요."

"우리 인생이랑 똑같지? 이해하기가 좀 어려워. 하지만 빵은 곧 이해거든. 이해만 하면 받아들이는 건 생각보다 어렵지 않아."

내 물음에 아저씨가 대답했다. 그때쯤에는 아저씨가 하는 모든 말이 빵과 연관된다는 것과 빵에 대한 얘기를 할 때는 외계어를 쓴다는 걸 알았기 때문에 나는 이해하는 척 고개를 끄덕였다.

아저씨는 빵과 소통하고 빵을 이해하는 사람이었다. 성형을 하거나 쿠프를 넣을 때는 빵이 예술이라고 했다가, 건포도나 과일로 액종을 만들 때는 빵이 과학이라고 했다. 최종 반죽을 발효시킬 때는 빵을 기다림이라고 했는데, 그 순간의 기다림이 가장 중요하다고도 했다. 거의 다 왔을 때, 성급해지지 않아야 한다면서.

"시간에 대해서는 내가 할 일이 없다. 빵이 필요로 하는 시간을 주고 기다리는 것밖에는. 빵이 얼마의 시간을 필요로 한다면, 그건 이유가 있는 거니까."

빵과 기다림이라…… 아저씨는 빵을 만드는 모든 과정에 의미를 부여했다.

"저도 이렇게 잴 수 있는 인간이면 좋겠어요."

아저씨가 재료를 저울에 올릴 때 내가 말했다. 아저씨는 무슨 소리냐고 물었다. 몸무게라면 언제든지 잴 수 있다고 하면서. 나는 아저씨 옆에서 키득거리고 웃었다.

"밀가루 몇 그램, 물 몇 그램, 이런 것처럼요. 나란 인간이 정확한 분량대로 만들어졌다면 좋았을 것 같아요. 열정 몇 그램, 능력 몇 그램, 뭐 이런 식으로요."

"끔찍한 얘기다. 빵이 만들어지는 과정이 인생이라고 했지, 인간이라고는 안 했다."

"인생을 사는 게 인간이잖아요."

"그러니까 만들어 가는 거지. 열정이며 능력이며 이미 너한테 다 있는 것들이야. 저울에 올릴 수는 없어도 누구나 다 가지고 있지. 필요하면 얼마든지 꺼내 쓰면서 부풀어 오르고 가라앉는 과정을 반복하고. 그러다 보면 오븐에 들어가는 순간이 오는 것처럼, 그게 인생이지. 오븐에 들어가서는 그동안 준비한 만큼 마음껏 부풀어 오르는 거야. 멋지지?"

"노래하는 바게트가 되기 위해서요?"

"이제야 좀 이해를 하는구나."

나를 대견하게 바라보던 아저씨의 미소. 작업대 위에서 움직이던 아저씨의 손과 반죽들.

＊＊＊

아저씨와 마주 앉아 있었지만 목소리를 잃어버린 인어공주라도 된 양 내 입에서는 아무 소리도 나오지 않았다. 아저씨가 먼저 입을 열었다.

"다시 올 줄 알았다."

아저씨의 얼굴은 잔잔한 호수 같았다. 그 표정을 보자 긴장했던 마음이 조금 풀어졌다.

"원종 단계의 밀가루를 섞다 보면, 어느 지점에서는 엄청나게 부풀어 오르는 경우가 있지. 너처럼 말이다."

무슨 일이든지 빵과 연관시키는 아저씨의 얘기를 듣자 빵집으로 돌아왔다는 실감이 났다.

"죄송해요."

망설이던 말이 겨우 나왔다.

"아니다. 아직 발효 중인 너한테 당장 빵이 되라고 강요한 거나 마찬가지였으니까 내가 잘못한 거지. 나도 내 방식만 고집했고."

언젠가 시간이 오래 걸려도 천연 발효빵을 고집하는 이유에 대해 아저씨가 얘기한 적이 있었다.

"쉬운 방법을 선택하면 빠르게 결과물을 얻을 수 있겠지. 하지만 천천히 숙성을 시킨 것과는 달라. 천연 발효종을 쓴다는 건 빵에게 필요한 것뿐 아니라 필요하지 않은 것까지 주고, 스스로 그걸 걸러 내고 선택하는 시간을 주는 거야. 오래 걸러도 그건 분명 다른 빵이야. 잘 숙성된 사람만이 온전히 자기 인생을 살 수 있는 것처럼. 그게 빵과 인생에 대한 내 철학이다."

처음 아저씨의 말을 들었을 때는 심각한 직업병이라고 생각했었다. 빵을 만드는 데서 철학적 깨달음을 얻다니. 하지만 지금은 조금이나마 빵에 담긴 아저씨의 '철학'을 이해할 수 있었다.

아저씨의 말대로라면 나는 지금 숙성 과정을 거치는 중인지도 모른다. 성인이 되어 사회에 나가기 전에 천천히 저온 숙성 중인 반죽. 내가 아직 아무것도 아닌 존재라는 생각이 드는 건 제대로 발효가 되지 않았기 때문일까. 내 몸에는 쉽게 부풀어 오르는 가공 이스트가 아닌 천연 발효종이 들어 있는 게 분명하다. 좋은 것과 필요한 것만 주어진 환경이라면 좋았겠지만, 나에게는 굳이 필요하지 않은 것들이 너무 많았다. 내가 걸러 내기에 벅찰 정도로.

읽 고 나 서

1. 아저씨는 빵을 만드는 것은 인생이랑 똑같다고 했습니다. 빵을 만드는 단계에 해당하는 인생의 모습은 어떤 것인지 빈칸에 적어 봅시다.

빵을 만드는 과정	인생의 모습
발효액종을 밀가루랑 섞어 주는 원종 단계에서 부풀어 오름.	
다시 여러 번 밀가루랑 섞어서 또 한번 발효시킴.	
최종 원종에 나머지 재료를 섞어 줌.	
최종 발효 때 중간 중간 가스를 빼 과하게 부풀어 오르지 않게 함.	

2. 아저씨가 빵 만드는 일에 대해 어떻게 생각하고 있는지 알 수 있는 말이나 행동을 찾아봅시다. 그리고 아저씨의 말과 행동을 통해 아저씨의 '직업관'이 어떠한지 이야기해 봅시다.

말과 행동	직업에 대한 생각이나 태도
• 빵과 연관된 말만 한다.	_____
• _____	_____
• _____	_____

3. 빵과 쿠키는 영화나 게임의 캐릭터로 등장하기도 합니다. 다음 '진저브레드
맨'과 '호빵맨'의 이야기를 읽어 보고, 여러분이 좋아하는 빵이나 쿠키로 캐릭
터를 만들어 봅시다.

• 진저브레드맨은 생강가루를 넣어 만든 쿠키인데 사람 모양으로 만들어 '진
저브레드맨'이라고 불린다. 진저브레드맨이 처음 만들어진 시기는 15세기로
최초의 기록에 따르면 엘리자베스 1세 여왕이 중요한 손님들의 모습을 닮은
쿠키를 만든 데서 시작되었다고 한다. 외국 전래 동화 속에서 진저브레드맨은
자만심에 빠져 있다가 자기 꾀에 속아 넘어가는 캐릭터로 등장한다.

• 호빵맨은 일본 애니메이션 〈날아라 호빵맨〉의 주인공으로 일본 어린이들이
가장 좋아하는 캐릭터이다. 원작은 야나세 다카시의 그림책이다. 하늘을 날아
다니며, 상냥하고 정의감 강한 성격으로 배고픈 사람에게는 어디라도 날아가
서 얼굴을 떼어 준다. 〈날아라 호빵맨〉에는 식빵맨, 카레빵맨, 잼아저씨 등의
캐릭터도 등장한다.

▶ 내가 캐릭터로 만들고 싶은 빵이나 쿠키

• 캐릭터 이름 :

• 캐릭터 성격 :

• 함께 등장하는 친구들 :

4. 나는 어떤 일에 흥미를 느끼는지 알아봅시다. 다음에 제시된 일들에 흥미가 있으면 5점, 흥미가 전혀 없으면 1점으로 점수를 매겨서 각 분야별로 총점을 내 보세요. 그리고 내가 가장 흥미를 느끼는 분야의 직업에는 어떤 것이 있을지 조사해 봅시다.

항목	점수					총점	관련 직업
1. 기계 부품을 조립하거나 분해한다. 2. 플라스틱 모형을 만들거나 목공예를 한다. 3. 실험, 조사, 연구를 한다.	1 2 3 4 5 1 2 3 4 5 1 2 3 4 5						기술·기능 방면 직업
4. 계산하거나 도표를 그린다. 5. 문서 정리 프로그램을 다룬다. 6. 공책을 알기 쉽게 정리한다.	1 2 3 4 5 1 2 3 4 5 1 2 3 4 5						사무 직업
7. 많은 사람과 접촉한다. 8. 상품을 선전한다. 9. 사람들과 많은 대화를 나눈다.	1 2 3 4 5 1 2 3 4 5 1 2 3 4 5						판매업
10. 어려운 처지의 사람을 돕고 보살핀다. 11. 다른 사람들의 이야기를 잘 들어 준다. 12. 다른 사람을 가르친다.	1 2 3 4 5 1 2 3 4 5 1 2 3 4 5						교육·복지 방면 직업

13. 그림을 그리거나 조각을 한다.	1	2	3	4	5		예술 방면
14. 시나 소설을 읽고 쓴다.	1	2	3	4	5		직업
15. 음악을 듣거나 연주를 한다.	1	2	3	4	5		
16. 병자나 동물을 돌본다.	1	2	3	4	5		의료 방면
17. 사람이나 동물의 병을 치료해 준다.	1	2	3	4	5		직업
18. 동물이나 인간의 신체 구조를 조사한다.	1	2	3	4	5		
19. 어떤 일의 실태를 조사한다.	1	2	3	4	5		기획 방면
20. 광고용 포스터를 그린다.	1	2	3	4	5		직업
21. 행사나 회의를 기획하고 추진한다.	1	2	3	4	5		
22. 모임에서 사회를 본다.	1	2	3	4	5		예능 방면
23. 많은 사람 앞에서 노래나 연기를 한다.	1	2	3	4	5		직업
24. 책을 소리 내어 낭독한다.	1	2	3	4	5		
25. 전차, 선박, 비행기 구조에 관심이 많다.	1	2	3	4	5		운수·통신
26. 자동차를 정비하고 점검한다.	1	2	3	4	5		방면 직업
27. 무선 기술을 익힌다.	1	2	3	4	5		
28. 남을 위해서라면 위험한 일도 한다.	1	2	3	4	5		보안·공안
29. 범인 체포나 안전을 위한 활동을 한다.	1	2	3	4	5		방면 직업
30. 무언가를 안내하는 일을 한다.	1	2	3	4	5		서비스
31. 미용이나 미화에 관한 일을 한다.	1	2	3	4	5		방면 직업
33. 남을 도와주는 일을 하고 싶다.	1	2	3	4	5		

• 내가 흥미를 느끼는 분야의 직업

더 읽어 봐요

맛있는 빵을 드세요!

오오와다 토시코, 다나가 츠카사 지음 | 한나리 옮김 | 미우

주부의 빵 가게 창업 성공기를 담은 만화이다. 실제 모델인 오오와다 토시코 씨는 밀육종가인 아버지가 개발한 밀과 천연 효모로 집에서 빵집을 열어 일본에서 화제가 되었다. 평범한 주부가 프로 제빵사가 되어 가게를 열기까지 그가 쌓은 기술과 열정이 잘 표현되었으며, 빵 가게 창업 시 필요한 각종 절차들에 대해서도 자세히 설명하고 있어 창업을 꿈꾸는 청소년들에게도 도움이 될 것이다.

지중해 태양의 요리사

박찬일 지음 | 창비

이탈리아 음식 요리사이자 와인 전문가로, 유명 식당을 거쳐 현재 이탈리아 레스토랑 '누이누이'의 주방장으로 일하고 있는 저자의 산문집이다. 유학 시절 이야기를 바탕으로 우리가 몰랐거나 잘못 이해하고 있는 이탈리아의 음식뿐만 아니라 문화와 전통에 대한 이야기를 맛깔스러우면서도 친절하게 들려준다. 요리와 문화, 그리고 삶 이야기가 함께 버무려져 있어 요리사가 만드는 요리 이외의 그 무엇을 느낄 수 있게 하는 책이다.

한 접시의 음식이 우리 앞에 나오기까지 어떤 직업이 관련되어 있는지 알아볼까요? 주방에 들어가 보니 주방장이 총 지휘를 하고 있고 요리사들이 각자 맡은 파트의 일을 열심히 하고 있습니다. 코너별로 보니 불고기와 비빔밥을 만들고 있는 **한식요리사**, 생선회를 뜨고 있는 **일식요리사**, 탕수육용 고기를 튀기고 있는 **중식요리사**, 스테이크를 굽고 있는 **양식요리사** 등 저마다 정성껏 각 나라의 요리를 만들고 있는데, 냄새만 맡아도 침이 꿀떡 넘어갑니다.

음식이나 요리와 관련된 직업에 요리사만 있는 것은 아닙니다. 다 만들어진 요리를 접시에 멋지게 담아내는 **푸드스타일리스트**도 보이네요. 다른 한쪽에는 디저트 코너가 있습니다. 외국에서는 과자 만드는 사람을 **파티쉐**, 빵 만드는 사람은 **블랑제**, 그리고 초콜릿 만드는 사람은 **쇼콜라티에**라고 부르는데, 우리나라에서도 제과제빵사를 이렇게 분리해서 부르기도 한답니다.

코너를 돌아가니 원두를 볶아서 에스프레소를 내리고 있는 **바리스**

타도 보입니다. 바리스타는 에스프레소를 주원료로 하여 다양한 조제 커피를 만들어서 손님들에게 제공하지요. 서양 요리에 빠질 수 없는 와인을 감별하는 **소믈리에**는 와인의 구입과 보관을 책임지고 손님들의 기호에 맞춰 추천하는 일까지도 한답니다.

주방을 지나 사무실에 들어가 보니 뭔가 진지하게 회의를 하는 사람들이 보이네요. 소비층의 성향과 트렌드를 분석하고 건강, 맛 등을 고려해 메뉴를 개발하는 **음식메뉴개발자**가 지금 동서양의 맛을 결합한 퓨전 요리를 개발하고 있습니다. 그 옆에서는 **식품영양사**가 음식의 영양과 칼로리 등을 분석하고 있고요. 레스토랑 옆 건물로 가 보니 가공식품을 만드는 식품 회사가 있습니다. 이곳에는 식품 재료를 분석하고 연구하는 **식품분석연구원**들이 있답니다. 가공식품을 저장하고 살균해 통조림 등의 용기에 담아내는 방법을 연구하는 **가공식품연구원**들이 딸기잼의 보존 방법과 유통기한에 대한 데이터를 분석하고 있는 모습도 보이네요.

그 외에도 메인 요리를 만드는 것은 아니지만 주방장을 돕는 **주방보조원**, 식재료의 신선도를 체크하고 보관을 책임지는 **식자재관리원** 등 정말 많은 사람의 정성과 노력으로 한 접시의 요리가 완성된다는 점을 잊어서는 안 되겠지요?

Q 바리스타가 되고 싶은데 커피숍이 너무 많아졌고 수입도 적다고 합니다. 어떻게 해야 하나요?

A 바리스타를 꿈꾸는 학생들을 종종 만납니다. 많은 학생이 카페라는 공간에서 일할 수 있다는 점 때문에 바리스타가 되고 싶어 합니다. 그러나 바리스타가 되는 길에는 여러 가지 난관이 있습니다. 질문한 학생이 말한 것처럼 경쟁이 치열하니까요. 작은 공간이라도 카페를 여는 데 필요한 돈을 준비하는 것도 어렵습니다. 여러 가지 방법으로 돈을 마련해 카페를 열었다고 해도 바리스타로서의 전문성과 실력, 그리고 다른 카페에 없는 독특한 개성을 만들어 내려면 많은 노력이 필요합니다. 또 그런 노력이 꼭 성공한다는 보장도 없지요.

여러분이 정말 진지하게 바리스타의 길을 고민한다면 좀 더 넓은 시야를 가지시길 바랍니다. 바리스타를 카페에 있는 사람으로만 한정하면 진로가 매우 좁아 보이지만, '커피'라는 주제를 두고 생각하면 다양한 접근이 가능하거든요. 일반적으로 바리스타는 생두를 볶고, 커피를 추출하고, 라떼 아트를 만드는 등의 일을 합니다. 하지만 커피 열매를 볶아 맛 좋은 커피가 추출될 수 있도록 하는 일, 즉 '로스팅'을 집중적으로 하는 바리스타도 적지 않습니다. 이와 같은 로스팅 전문가가 되려면 좋은 원두를 알아볼 수 있는 눈썰미가 있어야 합니다. 원두 생산지마다, 또 원두를 어떤 비율로 조합하느냐에 따라 커피의 맛이 달라지기 때문입니다.

바리스타가 찾아낸 다양한 원두를 조합해 만든 커피를 보통 '블렌드 커피'라고 하는데, 자신의 이름을 내건 블렌드 커피를 파는 바리스타들도 많이 있습니다. 다년간 경험을 쌓아 커피에 대한 대중의 기호를 잘 읽어 내고 자신만의 커피 맛을 만들어 낸다면 수많은 카페에 원두를 팔아 많은 수익과 명성을 얻을 수 있습니다. 원두 판매뿐 아니라 바리스타 양성을 위한 아카데미나 커피 전문점 운영까지 그 사업의 장을 넓혀 가기도 하지요.

커피콩은 '커피 벨트'라고 불리는 남북위 25° 지역에서 생산되기 때문에 원두를 해외에서 수입해야 합니다. 따라서 무엇보다 양질의 원두를 잘 고르고 구입하는 일이 중요하지요. 커피에 대한 전문 지식을 갖춘 바리스타이면서 외국어 실력도 있다면 원두 수입과 관련된 일을 할 수 있습니다.

카페에서 일하는 직업이지만 카페를 벗어나 생각해 보니 훨씬 원대한 꿈도 가능하겠죠? 바리스타를 하겠다고 상담하는 대부분의 학생들은 바리스타를 준비하는 학원에 가려고 합니다. 바리스타 자격증만 따면 되니 고등학교 또는 대학교의 학교 교육은 의미가 없다고 생각합니다. 그러니 당연히 학교 공부를 위해 앉아 있어야 하는 시간이 매우 무의미하다고 말하지요.

그러나 모든 지식에는 기초가 필요합니다. 여러분이 바리스타 학원에 가서 듣는 용어 대부분은 영어이고, 때로는 프랑스어, 이탈리아어도 많이 나오지요. 또 커피는 상당히 문화적인 요소가 많은 상품입니다. 커피에 이런 요소를 어떻게 가미해 마케팅하느냐 하는 것도 중요합니다. 결국은 중·고등학교에서 배우는 기본적인 교과 지식은 무엇이든 기초 체력과 같으니 너무 조급해하지 마시고 기본기를 탄탄히 다지세요.

2

7CM 공에 담은
꿈과 열정

야구선수

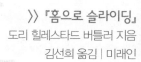

>> 『홈으로 슬라이딩』
도리 힐레스타드 버틀러 지음
김선희 옮김 | 미래인

조엘 커닝햄은 학기 중에 미니애폴리스를 떠나 그린데일이라는 작고 보수적인 마을에 있는 후버중학교로 전학 온 여학생입니다. 알루미늄 배트를 휘둘러 3루를 돌아 홈플레이트를 밟을 수 있는 야구 실력을 가졌지요. 전학을 오기 전까지는 야구부 소속이었을 뿐만 아니라 뛰어난 실력을 인정받고 있었습니다.

그런데 새로 전학 온 학교에서는 남자는 야구를, 여자는 소프트볼을 하도록 정해져 있어 여학생의 야구 실력이 아무리 뛰어나도 야구를 할 수가 없었습니다. 조엘의 야구 실력은 이곳에서 아무 의미가 없는 일이 되었지요. 다른 여학생들이 함께 소프트볼을 하자고 설득하기도 했지만 조엘은 도저히 그것을 받아들일 수 없었습니다.

조엘은 야구를 하고 싶지만, 여학생은 야구를 할 수 없다는 지역의 규정 때문에 난관에 부딪힙니다. 조엘은 '야구를 하고 싶다.'는 순수한 열정만으로, 이 문제를 해결하기 위한 방법을 생각해 보고 구체적으로 실행에 옮깁니다. 맨 처음으로, 야구 코치를 찾아가 입단 테스트를 받고자 했지요. 그러나 야구 코치는 조엘에게 테스트조차 받을 수 없다고 합니다. 규정에 의해 어쩔 수 없는 일이라고요. 조엘은 다음으로 교장 선생님을 찾아가 테스트를 받게 해 달라고 합니다. 그러나 교장 선생님도 그렇게 할 수 없다고 합니다. 세 번째에는 교육감을 찾아갑니다. 교육감 역시 예산 분배 문제로 조엘의 요청을 들어줄 수 없다고

하지요. 조엘이 정말 실망했겠지요?

하지만 조엘은 포기하지 않고 이번에는 야구선수인 오빠에게로 가 함께 살면서 야구를 하겠다고 합니다. 그러나 동생이 곁에 있겠다는 말에 오빠는 펄쩍 뛰면서 차라리 신문에 독자 투고를 해 보라고 권하죠. 마지막으로 조엘은 편집자에게 직접 편지를 써서 여학생은 테스트조차 받을 수 없는 규정의 부당함을 알리게 됩니다.

조엘은 현실적인 문제를 혼자서 해결하고, 행동으로 옮기는 실재적인 성격을 가졌습니다. 오직 한 목표를 향해 밀어붙이는 성격임을 확인할 수 있지요. 조엘은 여자 선수들로만 구성된 야구팀을 꿈꿉니다. 인터넷에서 '콜로라도 실버불리츠'가 처음 결성되었을 때 어떻게 경기를 치렀는지 그 역사를 살펴보고, 자기도 여자 야구 리그를 만들어 보면 어떨까 하는 생각을 하게 됩니다. 친구 만디의 이모가 야구선수였다는 것을 알게 되자, 만디에게 여자 야구 리그에 대한 꿈을 전하고 용기를 내어 리그 대표에게 이메일을 쓰지요. 조엘의 꿈은 이루어질 수 있을까요?

조엘은 숨을 몰아쉬고 야구장을 향해 나아갔다.

다음 타자가 1루와 2루 사이로 땅볼을 쳤다. 유격수가 팔을 아래로 내려 공을 잡으려 했지만 글러브가 그라운드에 닿지 않았다. 공은 다리 사이로 곧장 빠져 버렸다.

1루수는 그래도 좀 나아 보였다. 공이 그 애 방향으로 날아갔다. 높은 데다 오른쪽으로 치우쳤지만, 1루수는 한쪽 발을 베이스에 올려놓은 채 몸을 쭉 뻗어 그 공을 쉽게 낚아챘다.

'저 애는 진짜 고무 밴드처럼 몸이 늘어나잖아.'

조엘은 그 애가 1루수를 놓고 경쟁자가 될 거라고 생각했다.

"이봐, 거기!"

웬 걸걸한 목소리가 소리쳤다.

조엘은 움찔했다. 사실 깜짝 놀랐다.

코치가 조엘을 향해 손을 흔들었다.

"소프트볼 입단 테스트는 저쪽 다른 구장에서 한다."

그는 손가락으로 가리키며 말하고는 다시 남자애들 쪽으로 고개를 돌렸다.

조엘은 꿀꺽 침을 삼켰다. 심장이 쿵쾅거렸지만 계속해서 코치를 향해 걸어갔다.

"저, 저기요. 여기 야구부 입단 테스트 받으러 왔는데요."

코치에게 다가가며 조엘이 말했다. 조엘은 손을 내밀었다. 손이 약간 떨렸다.

"저는 조엘 커닝햄이에요."

코치는 고개를 숙여 조엘의 손을 내려다보더니 얼굴을 찡그렸다.

"여긴 남자팀이다. 게임 하고 싶으면 가서 소프트볼 해라. 여자 운
동장에서."

몇몇 남자애들이 조엘을 물끄러미 바라보았다. 그중 한 애는 킬킬
웃기까지 했다.

조엘은 손을 슬그머니 떨어뜨렸다.

"저기, 저는 야구선수예요. 미니애폴리스에서 다녔던 학교에서 1
루수를 맡았어요."

칼라일 코치는 아무 말도 하지 않았다. 그저 계속 얼굴만 찡그리고
있었다.

"그냥 입단 테스트만 받으면 안 돼요?"

조엘은 침착하려 애쓰며 말했다. 조엘은 자기 실력을 이 남자에게
보여 주고 싶어 미칠 지경이었다. 하지만 코치는 고개를 저었다.

"미안하다, 꼬마 아가씨. 여긴 남자 야구팀이야."

"하지만……."

코치는 한숨을 내쉬었다.

"이봐, 미안하다. 정말 미안한데, 난 이런 얘기할 시간이 없어. 돌봐
야 할 팀이 있거든. 공놀이하고 싶으면 페너 선생님한테 가 봐."

조엘은 깜짝 놀라 아무 말도 못 했다. 그러거나 말거나 코치는 다시 남자애들에게 성큼성큼 걸어갔다.

'지금은 21세기야. 여자들도 얼마든지 자기가 하고 싶은 경기를 할 수 있다구.'

시대에 한참 뒤떨어진 이런 곳에 부모님은 왜 자기를 데려다 놓은 것인지 원망스럽기 짝이 없었다.

읽 고 나서

1. 칼라일 코치는 조엘을 어떻게 대하고 있나요? 조엘은 어떤 감정을 느꼈을까요?

· 칼라일 코치의 태도 :

· 조엘이 느낀 감정 :

2. 조엘은 교장 선생님과 교육감을 찾아갔지만 여자는 소프트볼을 해야 한다는 이야기만 듣습니다. 그러나 좌절하지 않고 부모님의 조언으로 신문사에 편지를 보내 자기 의견을 밝힙니다. 이렇게 조엘이 자신에게 닥친 문제를 해결하려고 한 행동에 대해 여러분은 어떻게 생각하나요?

찬성 조엘의 행동을 지지합니다. 조엘이 원하는 것은 단순합니다. 여자도 야구를 할 수 있도록 해 달라는 것입니다. 변화가 일어나기 위해서는 개인이 먼저 행동으로 옮기는 용기가 필요합니다.

_____

_____

_____

반대 조엘의 행동에 대해 지지할 수 없습니다. 집단을 이루고, 집단을 유지하기 위해서는 그 집단만의 질서가 필요한 법입니다. 그리고 집단 구성원은 질서를 지킬 의무가 있습니다.

_____

_____

_____

3. 조엘은 야구선수라는 꿈을 가지고 있습니다. 왼쪽 바구니에서 조엘이 야구선수로 성장하는 데 필요하다고 생각하는 경험이나 능력을 찾아 모두 ○ 표시를 하고, 그렇게 생각한 이유를 말해 봅시다. 이외에도 조엘에게 더 필요한 경험이나 능력이 있다면 오른쪽 바구니에 적어 보세요.

4. 여러분은 실패하거나 좌절할 때 어떻게 하나요? 다음 질문을 읽어 보고 나의 행동과 비슷하다고 생각하는 만큼 색칠해 봅시다.

◇ 어떻게든 내 힘으로 해결해 보려고 노력한다.　　○○○○○

◇ 내 뜻을 굽히고 상대방 뜻에 맞춘다.　　○○○○○

◇ 내 운명이거니 생각하면서 받아들인다.　　○○○○○

◇ 다른 사람의 도움을 받아서라도 해결하려고 한다.　　○○○○○

◇ 더 곤란한 처지에 있는 사람과 비교하며 위안한다.　　○○○○○

◇ 만사가 귀찮아져서 잠이나 잔다.　　○○○○○

◇ 별 행동은 하지 않지만 열심히 고민한다.　　○○○○○

◇ 나 자신을 탓한다.　　○○○○○

◇ 비슷한 일이 있었을 때 대처했던 방식을 기억해 내서 해결한다. ○○○○○

◇ 문제 상황을 잊기 위해 다른 일에 몰두한다. ○○○○○

◇ 기적이 일어나 그 문제를 해결해 주기를 바란다. ○○○○○

5. 다음 신문 기사를 읽고 여성이 야구를 하는 데 있어 장점과 단점을 생각해 보세요. 그리고 야구를 할 수 없는 상황이라면 어떻게 이를 극복해 나갈지 말해 보세요.

야구 역사상 첫 女 투수 맞대결 '화제'

영화에서나 나올 법한 얘기라고? 결코 그렇지 않다. 두 여자가 각자의 팀을 대표하는 선발투수로서, 그것도 자신들보다 몸집이 두 배는 돼 보이는 남자 선수들 사이에서 당당히 맞대결을 펼친 사상 초유의 경기가 열렸다. 연습 경기나 자선 경기가 아닌 공식 경기에서 여자 선수들이 양 팀의 선발 투수로 격돌한 건 200년의 야구 역사를 자랑하는 미국에서조차 처음 있는 일이다. 역사적인 경기가 열린 무대는 바로 미국 고교 야구 리그다. 레이크 발보아 버밍엄 고교의 마르티 세멘텔리(18)와 샌마르코스 고교의 어살레이 세일러스(17)는 각자 재학 중인 학교의 '소년' 야구부(boy's baseball team)의 간판스타가 된 '소녀'들이다. 이들은 지난 6일(이하 한국 시간) 열린 두 팀 간의 고교 야구 정규 시즌 경기에 나란히 선발투수로 마운드에 오르며 역사를 새로 썼다.

세멘텔리와 세일러스는 언뜻 보면 야구 모자를 푹 눌러쓴 채 남자들 사이에서 공을 던지고 있어 체구가 작은 남자 선수들로 오해받기 십상이다. 더욱이 두 선수는 각각 체인지업, 커브가 자신의 주 무기라고 당당히 밝힐 수 있을 만큼 실력도 출중하다. 세멘텔리의 경우, 어린 시절 현지 언론과의 인터뷰에서 "보스턴 레드삭스에 입단하는 게 꿈"이라는 원대한 목표까지 공개했었다. 세일러스 또한 타석에 들어설 때면 야구는 '남자의 스포츠'라는 편견을 뒤집겠다는 자신의 가치관에 거리낌이 없다.

세일러스는 "처음 나를 본 남자 선수들이 서로 쑥덕거리는 모습을 수없이 봐 왔다. 그러나 이들은 나의 투구에 농락당하며 삼진 아웃을 당했을 때 비로소 조용해진다."며 미소를 지었다. 세멘텔리 역시 소프트볼로 전향하지 않은 데에 대해 "내가 사랑하는 걸 버리면서까지 더 쉬운 길을 택하고 싶지 않았다."고 말했다. 이어 "내게 있어 야구는 곧 새로운 역사다. 내가 좋은 활약을 펼침으로써 여자 야구선수들에게 더 많은 기회가 생겼으면 하는 바람이다. 내 뒤의 여자 선수들은 나만큼 많은 어려움을 겪지 않았으면 한다."며 뼈 있는 한마디를 남겼다.

야구선수의 길을 택한 두 소녀의 미래가 어떻게 될지는 누구도 장담할 수 없다. 모든 야구선수들의 궁극적 목표인 메이저리그(MBL)는 여전히 여자 선수들에게 머나먼 세계일 뿐이다. 그러나 미국은 여전히 지역 단위의 실업 리그들을 위주로 여자 야구의 명분을 유지하고 있다. 이외에도 미국에서는 1995년 아일라 보더스가 대학 야구 무대(NCAA)를 누빈 첫 여자 선수로 활약한 데 이어 2년 후 프로야구 독립 리그 팀 세인트 폴 세인츠에 입단하며 야구 역사상 남자 선수들과 같은 무대에 선 첫 여자 프로 선수로 등극했고, 이듬해에는 둘루스 슈피리어 듀크스(현 캔자스 시티 티본스)로 이적해 승리 투수의 영예를 안기도 했다.

국내에서는 지난 2007년 한국여자야구연맹(WBAK)이 출범하며 여자 야구가 본격적인 발걸음을 내디뎠다. 이에 앞서 한국 최초의 여자 야구선수인 안향미 전 선라이즈(지난해 해체된 여자 야구단) 감독은 고교 야구선수였던 1999년 대통령배에서 배명고를 상대로 덕수정보고의 선발투수로 등판하며 유명세를 탄 데 이어 남자 야구에 도전하겠다고 선언해 화제가 됐었다. 그러나 안향미는 고교 졸업 후 여자 선수는 합숙 훈련이 힘들다는 이유로 대학팀들로부터 거절을 당해 꿈을 이루는 데 실패했으나 2002년 일본 실업팀 드림윙스에 입단해 주전으로 활약했으며 2004년에는 국내 최초의 여자 야구단 '비밀리에'를 창단시키는 족적을 남겼다.

<엑스포츠뉴스>, 2011년 3월 14일

더 읽어 봐요

꿈이 나를 뛰게 한다

민학수 지음 | 민음인

스포츠 세계에서 프로 선수로 살아남는 사람들은 극히 일부이다. 이 책은 한국을 넘어 세계적인 선수로 뛰고 있는 스포츠 스타 9인의 이야기를 담고 있다. 그들이 겪었던 고난의 과정은 물론 은퇴 후의 생활과 미래에 대한 전망까지 전한다. 또 선수 생활 이외에 스포츠와 관련된 다양한 진로의 가능성도 제시하고 있어 운동선수로서 진로를 고민하는 청소년들에게 스포츠인이 갖추어야 할 자세와 바람직한 미래상을 보여 줄 것이다.

축구선수 윌리

앤서니 브라운 지음 | 허은미 옮김 | 웅진주니어

축구화를 살 돈이 없는 침팬지 윌리. 윌리는 축구를 좋아하지만 아무도 윌리에게 공을 패스하지 않는다. 누군가로부터 축구화를 선물받고 난 후 윌리는 마법처럼 축구를 하고 골을 넣는다. 아마도 '그림책에서 무슨 의미를 발견할 수 있지?' 하고 생각할지도 모른다. 그러나 짧은 글과 그림에도 불구하고 이 책이 전하는 울림은 작지 않다. '축구'라는 소재를 통해 꿈을 향한 가치를 생각해 보게 한다.

여러분은 야구장에 가 본 경험이 있나요? 야구장에 가 본 적이 있다면 머릿속에 야구장의 모습을 그려 봅시다. 맨 먼저 무엇이 떠오르나요? 다이아몬드형의 운동장, 초록빛 인조 잔디, 전광판, 긴 막대 풍선을 들고 응원하는 관중들, 그리고 음악에 맞춰 응원하는 치어리더, 야구 모자를 눌러쓴 모습으로 고개를 젓기도 하고 끄덕이기도 하는 투수와 포수, 홈런을 노리는 타자, '스트라이크!'를 외치는 심판, 관중 사이를 오가며 먹을 것을 팔고 있는 사람들까지 아마도 여러 가지 모습이 한꺼번에 떠오를 거예요. 그러면 야구장에서 어떤 직업을 만날 수 있는지 알아볼까요?

우선 경기장에 들어서면 맨 먼저 **야구선수**가 눈에 들어옵니다. 직업인으로서의 야구선수는 프로 선수를 말합니다. 프로야구 선수가 되기 위해서는 고등학교나 대학 졸업 후 프로팀에 스카우트되어야 합니다. 스카우트되기 위해서는 고교 야구나 대학 야구에서도 차근차근 실력을 쌓아 인상 깊은 경기를 보여 줘야겠지요.

야구장에는 선수 외에도 야구선수의 타격이나 투수, 수비, 주루 등을 가르치는 **야구코치**, 그리고 작전을 짜고 선수를 관리하는 **야구감독**이 보이는데, 이들은 대부분 전직 야구선수 출신입니다. 야구선수 시절 투수였다면 투수 코치를, 타자 출신이면 타격 코치를 하게 되겠지요. 코치직을 거쳐 리더십과 게임 운용 능력, 의사소통 능력 등을 인정받으면 야구팀의 수장인 감독이 될 수 있답니다.

그런가 하면 야구의 규칙을 적용해 경기 내용을 심판하는 **야구심판**도 있지요. 전문 기관에서 야구심판 과정을 수료한 후 KBO(한국프로야구연합회)를 통해 프로야구 심판이 될 수 있습니다. 그 외에도 운동장을 살피며 야구 경기가 원활하게 진행되도록 돕는 **진행요원**들도 있습니다. 또 야구 중계를 하는 **야구캐스터 및 아나운서**도 있고, **야구전문기자**라는 직업도 있답니다. 안내 방송을 하는 **장내아나운서**도 야구장에서 빼놓을 수 없는 직업 중 하나죠.

관중석으로 고개를 돌려 보면 응원석에서 관중들과 호흡을 맞추는 야구장 **치어리더**들과 **응원단장**이 보입니다. 각 팀의 캐릭터에 맞는 인형 탈을 쓰고 야구의 재미를 더해 주는 **야구마스코트**도 있습니다. 경기 자체도 재미있지만 이들의 동작에 맞추어 응원하는 것도 야구 관람의 묘미랍니다. 그리고 전광판에 점수를 입력하는 **야구기록원**이 있고, 야구 경기를 촬영하는 **카메라기사**도 있으며, 촬영한 영상을 편집해 경기장의 커다란 모니터로 내보내는 **영상편집기사**도 있습니다.

운동장에 직접 나오지는 않지만 야구선수와 감독, 코치들을 뒤에서 지원하는 사람들도 많습니다. 선수들의 식사 및 용품을 지원하는 업무를 맡은 **야구매니저**, 선수들의 운동 방법을 고민하고 재활 훈련 등으로 몸을 관리하도록 돕는 **야구트레이너**들이 그들입니다. 경기 도중 선수들이 부상을 입으면 제일 먼저 뛰어나오는 사람이 있죠? 그 사람이 바로 트레이너랍니다.

또 야구단 전체를 유지하기 위한 일을 하는 사람들도 있습니다. 중고등학교나 대학교 등에서 활약하는 야구선수들을 분석하고 야구단에 받아들일 새로운 선수를 발굴해 내는 **야구스카우터**와 야구단이나 선수의 마케팅과 지출, 매출 등을 포괄적으로 운영하는 **야구프런트**, 게임 중 자기 팀 선수와 다른 팀 선수의 각종 기록과 영상을 기록하며 체크하는 **야구분석원**이 있습니다.

선수들의 연봉 계약이나 협상을 대리할 뿐 아니라 프로 선수들의 생활까지 관리해 주는 야구 에이전시 종사자들도 있지요. 혹시 '스캇 보라스'라는 메이저리그 에이전트의 이름을 들어 본 적이 있나요? 네, 맞습니다. 류현진, 추신수, 윤석민 선수를 관리하는 **수퍼에이전트**입니다. 현재 우리나라에서는 야구 에이전트 제도를 허용하고 있지는 않지만 멀지 않은 미래에 우리나라에서도 수퍼에이전트가 각광받는 직업이 될 것입니다.

　야구와 관련된 직업 하면 흔히 야구선수나 야구 코치, 감독 정도만을 떠올렸을 텐데, 이렇게 많은 직업이 있었네요. 이 많은 직업에 필요한 능력과 요구되는 적성은 각기 다르겠지요. 하지만 모두 '야구'라는 공통점으로 묶이는 직업입니다. 야구를 좋아하는 사람이라면 꼭 야구선수가 아니더라도 야구와 관련된 직업에 종사하면서 즐겁게 일할 수 있지 않을까요?

Q 저는 축구할 때가 제일 행복합니다. 게임도 축구 게임만 하고, 티비는 축구 경기를 볼 때만 틀고, 하루 종일 축구를 달고 사는데 정작 축구를 잘하지는 못해요. 축구 커뮤니티에서 활동도 하고, 축구 게임 카페에서 운영진으로 활동하며 패치도 만들어 봤지만 제 진로에는 별로 도움이 되지 않는 것 같아요. 축구를 정말 좋아하지만, 실력이 좋은 편이 아니라 경기에서는 욕 먹기 일쑤입니다. 하지만 축구 외에는 별로 관심 있는 것이 없어요. 이런 흥미를 가지고도 직업을 찾을 수 있을까요?

A 날씨가 춥든지 덥든지 상관없이 짬만 나면 학교 운동장에 모여드는 학생들! 공 하나를 두고 정말 필사의 각오로 달립니다. 그 많은 학생 중에서 축구선수가 되는 사람은 극히 드물죠. 어떤 활동을 좋아한다고 해서 직업으로 바로 연결되는 건 아니거든요. 축구를 좋아한다고 해서 모두 축구선수가 될 수 있는 건 아니죠. 흥미와 그 사람이 가진 능력은 별개입니다.

그렇지만 관련 분야로 진출할 수는 있어요. 축구선수는 되지 못하더라도 축구와 관련된 산업에는 종사할 수 있다는 거예요. 대표적인 직업이 바로 '스포츠에이전트'입니다.

우리나라만 해도 축구 마케팅 산업이 커지며 그에 따른 선수들의 몸값도 치솟아 큰돈을 버는 축구선수들이 많아졌어요. 경기에만 집중해야 할 축구선수들이 구단주나 협찬사 광고주와의 계약 등 다양한 외부 활동 등을 직접 하기는 어렵겠죠? 그 일을 대신해 주는 사람이 에이전트, 바로 대리인이랍니다. 스포츠를 좋아하는 사람들이 늘어나면서 에이전트가 되고 싶어 하는 사람들도 점점 많아지고 있어요.

스포츠에이전트가 되는 데 학력 제한은 없어요. 그러나 외국으로 진출하는 선수들을 위한 협상을 성공적으로 이끌어 내려면 외국어 능력이 필수겠죠. 구단에 소속되어 있으며 팀에 도움이 될 만한 선수들을 추천하는 스카우터도 축구에 대한 열정과 안목이 있으면 가능해요.

　또 물리치료학과를 졸업한 뒤 스포츠트레이너가 될 수도 있겠네요. 매일 선수들 곁에서 선수들이 경기에서 최상의 컨디션을 발휘할 수 있도록 조언하고 몸을 단련시키는 일을 할 수 있어요. 축구 지식이 많고 언어 구사력이 뛰어나다면 스포츠해설가의 미래를 꿈꿔 보는 것은 어떨까요? 박문성, 한준희 해설가의 경우 비선수 출신 해설가랍니다.

　이 밖에도 다양한 축구 마케팅 산업에 종사할 수 있는 길이 있으니 자신에게 알맞은 일이 어떤 것인지 꼼꼼히 헤아려 보면 좋겠네요!

3

땅과 생명을 살리는
위대한 일꾼

농부

>> 『열네 살 농부 되어보기』
이완주 정대이 박원만 지음 | 들녘

"바윗돌 깨뜨려 돌덩이/돌덩이 깨뜨려 돌멩이/돌멩이 깨뜨려 자갈돌/자갈돌 깨뜨려 모래알/랄라 랄라라 랄라라라."

동요 〈바윗돌 깨뜨려〉는 400년에 걸친 풍화작용 속에서 바위가 자갈로, 자갈이 물과 공기와 함께 섞이면서 잘게 부서져 흙이 되는 과정을 들려줍니다. 어릴 적 노래를 불렀던 기억이 새록새록 떠오르나요?

점점 작게 부서져 바위가 흙이 되는 이러한 과정을 '풍화'라고 합니다. 풍화작용 속에는 물과 공기가 함께하죠. 바위가 부스러진 알갱이 속에 물과 공기, 그리고 식물과 동물의 사체가 함께 버무려져 만들어진 것이 흙입니다. 알갱이나 유기물 50%, 공기 25%, 물 25%의 물질로 이루어졌을 때 '균형 잡힌 흙'이 되었다고 할 수 있답니다.

이 책은 이러한 '흙'의 생성 과정을 통해 가장 많은 영양분을 가지고 있는 겉흙이 얼마나 중요한지 살펴봅니다. 또 토양구조에 영향을 미치는 여러 가지 요인에 대해 알아보면서 유기농의 정의와 목적, 퇴비 만드는 방법까지 안내하지요.

책 속 화자인 쌤이 들려주는 이야기에는 청소년들이 흙의 고마움을 느끼고 나눔의 가치를 배우면서 살기를 소망하는 마음이 담겨 있습니다. 그래서 흙 속에 살고 있는 많은 무기물이나 유기물에 대해 폴리스, 국민주택, 형제, 천사 등 이해하기 쉬운 표현을 들어 가며 재미

있게 설명합니다. 생물학 용어는 아니지만 쌤의 설명이 낯설지 않은 이유가 여기 있지요.

이를 바탕으로 학교 텃밭에서 직접 흙을 갈고 씨를 뿌리며 작물을 가꾸고 수확할 때 필요한 모든 것을 설명하고 있습니다. 농사를 시작하기 전에 식물의 키를 먼저 생각해야 한다는 사실을 알고 있나요? 씨앗을 구입할 때 인터넷으로 주문할 수도 있지만 5일장을 이용해 직접 구입하는 방법에서 보관하는 방법까지, 이 책에는 우리가 미처 알지 못했던 농사 이야기가 가득합니다. 아마도 농부를 꿈꾸는 학생들은 물론 학교 텃밭 가꾸기를 지도하는 선생님들이나 지역의 도시농업학교 교사들에게도 도움이 될 것 같아요. 직접 작물을 가꾸면서 얻어 낸 결과이기 때문에 생생한 현장감을 그대로 전해 주니까요.

이 책에는 "채소는 사람을 위해 자라지 않는다."라는 인상적인 말이 나옵니다. 텃밭에서 채소를 가꾸는 것이 씨를 뿌린다고 해서 저절로 이루어지는 일은 아니라는 것이죠. 퇴비를 만들고, 흙을 가꾸고, 작물을 기르는 경험은 수확의 기쁨과 인내심을 배우게 합니다. 자, 농부의 꿈을 펼칠 준비가 되었나요?

쌤은 해마다 집 앞마당에 조그맣게 텃밭 농사를 짓습니다. 일을 끝내고 들어와 급히 저녁을 준비하다 보면 텃밭에 심어 놓은 상추, 고추, 아욱, 근대, 호박, 오이만 갖고도 소박한 밥상을 준비하기 쉽습니다. 어떤 날은 어린 상추를 뜯어 겉절이를 무치고, 다음 날은 고추를 몇 개 따서 고추장에 찍어 먹게 내놓습니다. 아욱 된장국도 끓이고 호박잎도 쪄서 먹습니다. 한두 가지 반찬만 갖고도 부러울 것이 없는 식탁이 됩니다.

시간이 날 때면 텃밭에 앉아 열무나 상추가 커 가는 모습을 들여다봅니다. 그러면 우리처럼 열무와 배추를 좋아하는 북방비단노린재, 벼룩잎벌레, 청벌레, 메뚜기, 진딧물 등 정말 다양한 생물을 만나게 됩니다. 한 해는 싹이 막 트기 시작한 배추와 열무에 벼룩잎벌레가 달려들어 남김없이 먹어 치우기도 하고, 다른 해는 파밤나방이 고추마다 구멍을 내놓기도 합니다.

그렇지만 다양한 작물을 심다 보니 남겨진 것만 갖고도 행복해집니다. 또 어떻게 하면 자연적으로 해충을 줄일 수 있는지도 조금씩 터득해 가고 있습니다. 같은 자리에 배추를 연거푸 심지 않거나 고랑 사이사이에 들깨를 심어 해충이 싫어하는 향을 풍길 수도 있습니다. 완전하지는 않지만 잘 완숙된 퇴비를 쓰는 것만으로도 해충 구제에 도움이 됩니다.

유기농업이 포유동물에서 미생물에 이르기까지 먹이사슬의 모든 단계에서 생물 다양성을 증가시킨다는 것은 이미 잘 알려진 사실입니다. 농약과 화학비료를 사용하지 않는 유기농업은 관행농업에 비해 모든 생물종을 평균 30% 정도 증가시킨다는 연구 결과가 있습니다.

* * *

어느 날인가는 학교에서 돌아온 아이가 저녁을 먹다 학교 급식 이야기를 꺼냈습니다. 밥에서 쌀벌레가 나와 한 아이가 밥을 버리자 많은 아이들이 더럽다며 그 아이를 따라 밥을 버렸다는 것입니다. 많은 학생들이 상추를 먹다가 진딧물 한 마리만 나와도 기겁을 하며 소리를 지릅니다. 그래서 상추를 판매하는 유통 상인은 상추 재배 농가들이 상추가 가득 담긴 박스를 가져오면 그중 두세 잎을 손 위에 얹고 탁탁 털어 봅니다. 진딧물이라도 한 마리 나오면 값을 제대로 쳐 주지 않습니다.

상추 재배 농가는 조그만 벌레도 생기기 않도록 농약을 쳐야 소득을 올릴 수 있습니다. 우리는 지금 농약으로 키워 벌레 먹은 데 하나 없이 크고 깨끗한 작물에 길이 들었습니다. 그 때문인지 유엔식량농업기구(FAO)가 집계한 경제협력개발기구(OECD) 국가의 연평균 농약 사용량과 비교하면 우리나라의 농약 사용량은 ha당 12~13kg 수준으로 29개국 가운데 단연 1위입니다. 이렇게 농약을 많이 사용한다고 농민을 나무랄 수는 없습니다. 여러분과 우리 모두가 바란 일이니까요.

그러나 이러한 방식이 환경을 파괴하고, 우리 땅을 황폐화시켜 결국 언젠가는 우리가 그 대가를 받을 수밖에 없습니다. 그러기 전에 삶의 방식을 조금씩 바꿔 가기를 바라며 쌤은 여러분이 먹을거리를 직접 키워 볼 것을 권합니다.

조그만 화분이라도 좋으니 흙을 담고, 씨를 뿌리고, 물을 주며 돌보세요. 어느 순간 싹이 터서 자라는 모습을 보면 신기할 겁니다. 잘 키우고 싶은 욕심도 생길 거고요. 상추에 낀 진딧물을 발견하고 칠성무당벌레가 진딧물을 잡아먹는 광경을 목격할지도 모릅니다. 마음에 맞는 친구들과 텃밭 가꾸는 동아리를 만들어 농부가 되어 볼 수도 있겠지요?

쌤은 여러분 같은 청소년들이 한번쯤은 꼭 자기 손으로 작물을 길러 보아야 한다고 생각합니다. 그래야 벌레도 실상 우리와 똑같이 맛있는 배추를 먹고 싶어 하는 동지임을 알 수 있고 조금 나눠 주더라도 남는 것이 있다는 것도 알게 되니까요. 농약을 써서 무조건 다 없애고 나만 먹자는 생각도 버릴 수 있고요.

그동안 여러분은 퇴비를 만들고, 색 가든(sack garden)에 작물을 심는 방법에 대해 읽으면서 단순히 화단 가꾸기 정도의 일로 여겼을지도 모릅니다. 하지만 우리가 지금까지 공부해 온 것은 여러분이 생각한 것보다 훨씬 의미 있는 일입니다.

환경 공부를 하면서 지구를 지킬 수 있는 방법으로 여러분이 생각하는 것은 가까운 거리 걸어 다니기, 세제 적게 쓰기, 전기 콘센트 뽑기 등일 겁니다. 여기서 그치지 말고 여러분이 퇴비를 만들고 작물을 키우며 유기농업을 경험해 본다면 세상에 대해 훨씬 큰 배려를 할 수 있습니다. 여러분이 직접 농사를 짓는 것은 지구의 생명 다양성을 지켜 나가는 첫걸음일 수 있으니까요.

얼마 전 영국의 동물학자이자 침팬지의 어머니 제인 구달 박사가 우리나라 '생물다양성재단' 창립을 지원하고자 방한했습니다. 제인 구달 박사는 젊은 나이에 탄자니아에 홀로 들어가 자연 상태의 침팬지를 연구하며 인간이 자연을 이해하는 폭을 크게 넓힌 분입니다.

구달 박사는 유한한 자원을 두고 무한히 얻어 내려는 욕심은 언젠가 무너질 수밖에 없으며 지구는 인간의 필요는 충족시켜도 탐욕은 충족시키지 못한다고 강조합니다. "우리의 삶 하나하나는 지구에 영향을 미친다. 어떤 영향을 미칠지 선택권은 우리에게 있다!"

퇴비를 만들고 작물을 키워 본 여러분이라면 구달 박사님의 말씀에 씩씩하게 대답할 수 있을 겁니다. "저는 좋은 삶, 건강한 삶, 다양성을 보존하는 삶을 선택했습니다."라고요.

읽고 나서

1. 글쓴이가 청소년들에게 농사를 지어 보라고 권하는 까닭은 무엇인가요?

2. 글쓴이가 말하고 있는 유기농업에 대해 자신의 의견을 이야기해 봅시다.

찬성 자연 퇴치나 퇴비를 쓰면 생물의 다양한 종들이 살아남을 수 있습니다.

_____

_____

_____

반대 농약을 사용하면 채소의 생산성을 높일 수 있습니다.

_____

_____

_____

3. 이 글에서 알 수 있는 '농사를 짓는 일의 의미'는 무엇인지 말해 봅시다.

4. 여러분이 생각하는 '농부'는 어떤 모습인가요? 다음은 전통적인 방식으로 농사를 짓는 농부가 1년 동안 하는 일입니다. 농사일에 적합한 사람은 어떤 성향을 지니고 있을까요? 또 이러한 일에 필요한 능력은 무엇일까요?

2月 3月	농기구 손질, 보리농사
4月	볍씨 물에 담가 놓기, 싹이 트면 모판에 옮겨 심기 고추 심기, 호박 심기
5月	모내기하기

6月	논에 물길 터 주기, 누렇게 익은 보리 베기
7月	김매기, 벌레 잡기, 고추 따기
8月	벌레 잡기, 갈아엎은 밭에 거름 주기 무씨, 배추씨 뿌리기
9月	참새 떼 쫓기, 배추 솎아 내기
10月	추수하기(가을걷이)
11月	가을보리 심기, 배추와 무 뽑기
12月 1月	농한기

5. 여러분이 먹고 싶은 요리는 어떤 과정을 통해서 식탁에 올라오게 되었을까요? 다음 보기와 같이 음식과 관련된 직업에 대해 알아봅시다.

음식	직업	하는 일
밥	농부	모종 만들기, 모내기, 벼 키우기, 추수하기
	방앗간 아저씨	벼를 찧어 껍질 벗기기
	쌀 도소매업자	쌀 팔기

6. 다음은 이 책에 나오는 텃밭을 가꾸기 전에 먼저 생각해야 할 것들입니다. 읽어 보고, 텃밭 가꾸기 계획을 세워 봅시다.

• 가. 어떤 종류의 채소를 심을까 고민할 때 먼저 고려해야 할 것은 무엇일까요? 우선 내가 심을 채소의 키가 어느 정도 되는지를 생각해야 합니다. 키 큰 채소에 가려 햇빛을 제대로 받지 못하면 안 되니까요.

• 나. 씨앗이나 모종을 구하려면 어디로 가야 할까요? 인터넷 사이트에 종묘사, 씨앗 판매 등을 검색어로 입력하면 원하는 종류의 모종이나 씨앗을 살 수 있는 사이트가 나옵니다. 가격을 비교해 보고 구입하면 좋겠죠.

• 다. 농기구는 어떻게 사용하는 것이 좋을까요? 보통의 농기구들은 쇠붙이에 나무로 된 자루가 붙어 있어요. 그래서 비를 맞지 않는 곳에 보관하는 것이 좋죠. 또 작은 낫은 채소 사이의 풀을 베어 낼 때 유용하고, '조선 낫'이라고 불리는 큰 낫은 높게 자란 풀이나 잡목을 정리할 때 편리합니다.

• 텃밭 가꾸기 계획

기적의 사과

기무라 아키노리, 이시카와 다쿠지 지음 | 이영미 옮김 | 김영사

농약도 쓰지 않고 오직 정성만으로 썩지 않는 최고의 사과를 만들어 낸 농부가 있다면 믿을 수 있을까? 이 책의 저자는 '기적의 사과'를 만들기까지 사과만을 연구한 것이 아니라 밭을 연구하고, 밭에서 사는 생물을 연구했다. 이런 점에서 단순한 사과 재배기가 아니라 '농부의 꿈'을 다루고 있는 책인 것이다. 사람들이 가지고 있는 잘못된 상식을 뒤엎는 기적의 사과 이야기는 한 농부의 도전 의식과 끈질긴 노력으로 우리에게 감동을 준다.

몸살 : 한승오 농사일기

한승오 지음 | 강

저자는 거창하게 생태주의적 삶이나 대안 공동체를 운영하고자 한 것이 아니라, 그저 평범한 농사꾼이 되고 싶었다고 말한다. 농약 없이 논농사를 짓고, 무자비해 보이는 트랙터가 싫어 경운기로 땅을 갈지만 그렇다고 트랙터나 농약을 쓰는 다른 농사꾼들을 탓하는 눈길은 이 책 어디에도 보이지 않는다. 땅의 냄새와 감촉을 기억하며 땅과 함께 살아가는 '평범한', 그래서 더욱 마음을 울리는 농부의 이야기를 만날 수 있을 것이다.

ⓒ 당그래마을

농촌 마을에 들어서
니 모내기가 한창입니다.
모판에 볍씨를 뿌려서 모
가 나오면 그 모를 논에
가지런히 심는 것을 모내
기라고 해요. 이 모가 자
라서 벼가 되고 벼에 달
린 곡식이 바로 우리가
먹는 쌀이랍니다.

이렇게 쌀, 보리, 밀, 콩 등의 곡식을 재배하는 사람을 **곡식작물재**
배사, 즉 **농부**라고 한답니다. 농부가 되는 데 특별한 교육이나 훈련이
요구되지는 않지만 기본적으로 농작물 재배법, 농기계 사용법 등을 알
고 있어야 하므로 농업계 고등학교의 관련 학과를 졸업하면 도움이 됩
니다. 최근 농촌에서는 농업에 종사하려는 도시인을 위해 귀농 프로그
램을 운영하기도 한답니다.

곡식 이외의 채소를 재배하는 **채소작물재배자,** 과일을 재배하는 **과**
수작물재배자, 약재 등을 재배하는 **특용작물재배자** 그리고 꽃이나 나
무 등을 키워서 수입을 내는 **화훼작물재배자** 들도 있습니다. TV를 보
면 가끔씩 농업 전문가들이 그 마을의 토양과 기후 환경에 맞는 특산

작물을 재배해서 크게 성공한 사례들을 볼 수가 있습니다. 이는 농업을 전문적인 직업으로 선택한 사람들이 예전의 전통 방식과는 달리, 전문적인 농업기술을 습득하고 수요자들의 기호와 입맛을 파악해 전문적이고 특성화된 농작물 재배로 얻어 낸 성과랍니다.

혹시 여러분의 부모님은 주말농장이나 도시 텃밭에서 농작물을 재배하고 계신가요? 그렇다면 **도시농업전문가**라는 직업에 대해서도 알아 두면 좋겠네요. 도시농업전문가들은 농업에 대해 지식이 없는 도시농업인들에게 농업 정보와 기술, 그리고 품종 등을 보급하는 일을 합니다. 특히, 안전한 먹거리를 생산하기 위해 무농약, 유기농 등의 친환경 농업기술을 보급하는 데 많은 노력을 기울이고 있답니다.

이제 농촌 체험을 끝냈으니 어촌으로 이동해 볼까요? 이번에 함께 갈 곳은 비릿한 바다 냄새가 나는 어촌 마을입니다. 바닷속에 그물 바구니를 만들어 놓고 그 속에 굴, 전복 등의 어린 패류를 가두어 기르는 아저씨가 계시네요. 또 바닷가에 바다와 비슷한 양식장을 만들어서 물고기를 기르는 아주머니도 보입니다. 이분들의 직업은 무엇일까요? 바로 **어업양식업자**입니다. 어업양식업자는 이외에도 바다에 줄을 메어 놓고 그곳에 김, 미역 등의 해조류를 기르기도 한답니다.

마을 항구에 사람들이 모여드네요. 고기잡이 나갔던 어선이 돌아오는 시간인가 봅니다. 배 한가득 고기를 잡아 온 **어부** 아저씨가 보입

니다. 어부는 작업하는 해역에 따라 근해어선이나 원양어선을 타게 되는데, 근해어선을 탄 어부는 육지와 가까운 바다에서 고기를 잡고 원양어선을 탄 어부는 먼 바다에서 참치 등의 고기를 잡습니다. 원양어선의 경우 1년 이상 바다에서 생활하며 물고기를 잡아야 하기 때문에 선원 수첩을 소지한 사람만 어선을 탈 수 있습니다. 또 원양어선의 선원은 잡은 고기를 배 안에서 선별하고 세척한 후 냉동하거나 소금에 절여서 보관하는 일도 한답니다.

이제 또 다른 곳을 체험해 볼까요? 여기는 나무들이 우거진 숲입니다. 여기에도 1차 산업에 종사하는 사람들이 있다는 사실을 알고 있나요? 어떤 직업이냐고요? 바로 임업과 관련된 직업입니다.

임업 관련 일은 크게 두 가지로 나누는데, 나무를 관리하고 가꾸는 육림 작업과 잘 자란 나무를 용도에 맞추어 잘라 내는 벌목 작업이 있습니다. **육림원**은 나무가 잘 성장할 수 있도록 가지치기를 하거나 병충해를 예방하는 일들을 하고, **벌목원**은 나무를 용도에 맞게 잘라서 운송하는 작업을 한답니다.

지금까지 농촌, 바닷가, 숲 속 체험 학습을 통해서 여러분은 무엇을 느끼셨나요? 무심코 지나치던 풍경에 숨은 사람들의 수고로움을 깨닫거나, 미처 알지 못하던 새로운 직업 세계를 알게 되어 신기해하는 친구들도 있을 거예요. 우리가 함께 살펴본 땅, 바다, 숲에서는 우리에게 없어서는 안 될 중요한 곡식과 채소, 물고기와 나무를 재배하고, 양식하고, 벌목하는 일을 하는 사람들이 있답니다. 1차 산업에 종사하는 분들 덕분에 오늘도 우리의 의식주가 해결된다는 사실, 잊지 마세요.

선생님 질문 있어요 !?

Q 중학교 1학년인데요, 저는 정말 잘하는 게 하나도 없어요. 좋아하는 것도 없고 관심 있는 것도 없어요. 어떻게 해야 할까요?

A 꿈이 무엇이냐고 물으면 없다고 대답하는 학생들이 많습니다. 또 좋아하는 것도 없고 잘하는 것도 없는데, 어떻게 꿈을 찾을 수 있을까 되묻기도 하지요. 만약 정말로 좋아하고 잘하는 게 하나도 없다고 생각한다면, 이제부터 찾으면 되니 걱정할 필요는 없습니다. 다만 '진로'라는 건 어떤 직업을 택하든, 또 중간에 직업을 바꾸든 평생에 걸쳐 걸어갈 길이고 인생 계획과도 관련이 있기에 능력과 흥미를 모르면 막막할 수밖에 없지요. 그렇다고 주변 조건이나 환경에만 맞춰서 진로를 정하는 것은 더욱 바람직하지 않습니다.

이제부터 차근차근 그 방법을 알아볼까요? 우선 흥미와 적성, 가치관 등을 두루 살펴봄으로써 객관적으로 자기를 이해하는 과정이 필요합니다. '흥미'란 자신이 좋아하는 것을 말하고 '적성'은 잘하는 것을 일컫습니다. 그리고 개인이 직업을 선택할 때 중요하게 생각하는 가치가 저마다 다른데, 그것을 '직업 가치관'이라고 해요. '나는 어떤 직업이든 돈을 가장 많이 벌 수 있는 게 우선이야.'라고 생각하는 사람과 '나는 돈은 조금 덜 벌더라도 가정과 직장 생활을 균형 있게 꾸려 갈 수 있는 직업이 좋아.'라고 생각하는 사람의 가치관은 확연히 다르겠죠? 따라서 자신이 어떤 것을 중요하게 여기는지 살펴보고 그 기준에 잘 들어맞는 진로나 직업을 선택해야 보다 성공적인 직업 생활을 할 수 있답니다. 그럼 이러한 검사는 어디서 받아 보면 좋을까요?

커리어넷(www.career.go.kr) 사이트의 '진로심리검사'를 이용해 보세요.

진로심리검사는 직업 적성, 흥미, 가치관, 진로 성숙도 등을 통해 객관적인 관점에서 자신의 특성을 파악해 볼 수 있게끔 하고, 진로 의사 결정에 유용한 정보를 제공해 줍니다. 사이트에 접속해 '미래의 직업 세계' 메뉴에서 학과 정보 및 직업 정보를 탐색해 보세요. 직업 정보 검색란에 추천받은 직업을 쓰고 관련 정보를 검색해 보는 거예요. 그 직업에 필요한 핵심 능력, 하는 일, 관련학과, 자격증 등 전반적인 개요를 알 수 있습니다. 경우에 따라서는 직업인 인터뷰 동영상을 통해 현직에 종사하는 직업인의 생생한 목소리도 들을 수 있고요. 우리가 직접 체험 활동을 통해 관심 있는 직업에 대한 정보를 얻는 것이 가장 좋겠지만, 체험이 가능한 직업은 생각보다 많지 않습니다. 그러니 우선 온라인으로 추천 직업이나 관심 직업에 대한 세부 정보를 수집해 보세요.

이렇게 추천 직업이나 관심 직업이 추려지면 그와 관련된 체험 활동을 해 보세요. 여러 가지 활동을 하다 보면 그중에서 자신에게 잘 맞는 직업이 보일 것입니다. 또한, 정보를 수집하는 과정에서 마음에 드는 롤모델을 발견할 수도 있겠지요. 만약 닮고 싶은 롤모델을 발견했다면, 롤모델과 비슷한 경험에 도전해 보는 것도 한 가지 방법이에요. 또, 꼭 롤모델과 비슷한 삶을 살지 않더라도 그런 과정을 통해 자신에게 어떤 능력과 성향이 있는지보다 정확히 알게 되고, 새로운 가능성을 발견할 수도 있습니다. 그럼, 이제 나를 찾아가기 위한 본격적인 여정을 시작해 보세요!

과거를 추적하는
시간 사냥꾼

고고학자

우리 역사를 손보기 해 드립니다
고고학자 손보기

>> 『고고학자 손보기』

김향금 지음 | 샘터

여러분은 '고고학' 하면 무엇이 떠오르나요? 선생님이 어릴 때는 〈인디아나 존스〉라는 영화가 유명했습니다. 고고학자인 영화 속 주인공이 세계 곳곳의 유적지에서 겪는 모험은 많은 사람에게 낯선 문화에 대한 호기심과 탐구심을 불러일으켰지요. 1980년에 시작된 시리즈가 사람들의 인기를 끌어 2014년인 지금도 후속편을 제작 중이라고 합니다. 영화 속 고고학자의 모험은 참으로 흥미진진하지만, 고고학이 피라미드나 투탕카멘의 왕관처럼 불가사의하고 고귀한 것들만 탐구하는 학문은 아닙니다.

예를 하나 들어 보죠. 여러분이 건축가라면 집을 짓다가 유골을 발견했을 때, 제일 먼저 어떤 조치를 할 것 같나요? 아마도 경찰에 신고부터 할 것입니다. 그럼 신고를 받은 경찰은 그 유골을 어떻게 처리할까요? 우선 유골이 얼마쯤 된 것인지 따져 볼 것입니다. 얼마나 오래되었는가에 따라 이후 조치가 달라질 수 있기 때문입니다.

유골의 연도를 측정해 보았더니 죽은 지 얼마 안 된 것이라면, 죽음을 당한 사람의 유골일 가능성에 대해 경찰이 조사하겠지요? 측정 결과를 보니 아주 오래된 고대의 유골인데, 유골 주변으로 지하수가 흘러 원형을 잘 보존할 수 있었던 것일 수도 있습니다. 그렇다면 고대를 연구하는 고고학자나 역사학자들의 연구 대상이 될 것입니다. 더군다나 이 유골 주변에서 다양한 유물들이 발견된다면, 그 유물들은 이 고대인이 사용하던 것으로 간주될 것입니다. 학자들이 고대인의 삶을 연구하는 데 좋은 자료가 되겠지요.

이처럼 고고학자는 인간이라는 존재의 흔적이 묻은 거라면 뭐든 관심을 갖습니다. 별 볼 일 없는 똥구덩이라고 해서 외면하고 지나치는 일은 결코 없습니다. 그렇게 수집한 정황 증거들을 토대로 과거에 그곳에서 무슨 일이 벌어졌을까를 재구성해 보는 것입니다.

사람들의 삶은 어떠했을까, 천막을 치고 살았을까, 움막에서 살았을까, 그도 아니면 진짜 집을 짓고 살았을까? 어떻게 먹고 살았을까, 사냥을 했을까, 농사를 지었을까? 점토로 그릇을 만들거나 금속으로 생활용품을 만들어 음식물과 교환을 했을까, 제사는 어떻게 지냈을까, 어떤 신을 숭배했을까? 이렇게 인간의 삶과 관련된 모든 것이 고고학의 연구 대상이 됩니다.

이쯤 되면 영화 속에서 보았던 고고학과 실제 고고학은 많이 다르다는 것을 알 수 있습니다. 여러분이 고고학자라면 어떤 것에 관심을 두고 연구하고 싶나요? 어느 시대, 어느 지역의 어떤 유물을 연구하고 싶을지 한번 생각해 보세요.

고고학자 하면 영화 〈인디아나 존스〉의 주인공이 연상될 거예요. 멋진 중절모를 쓴 고고학자가 채찍을 휘두르면서 악당과 싸워 잃어버린 보물을 찾으러 떠나는 모습 말이에요. 아니면 아프리카 맹수 사냥꾼 같은 사파리룩을 입고 고대 이집트 파라오의 무덤을 뒤지거나 도굴꾼과 결투를 하는 낭만적인 모습이 떠오르든가요.

그런데 손보기 박사를 보면 영락없는 흙일꾼 차림새입니다. 챙이 좁은 모자를 꾹 눌러쓰고, 청바지에 장화를 신고 점퍼를 걸쳤지요. 바지 뒷주머니에는 목장갑이 아무렇게나 구겨져 있고요.

흙이 잔뜩 든 지게를 짊어지니 손 박사의 다리가 후들거립니다. 지게를 진 손 박사가 자리에서 불끈 일어섰습니다. 작대기를 쥔 손에 힘을 주며 한 걸음 한 걸음 힘겹게 떼어 놓습니다. 강둑 쪽으로 비틀대며 걸어가서는 지게에 담긴 흙을 주르륵 흙더미에 쏟아붓습니다.

고고학자가 일하는 발굴 현장은 영화에서 보던 낭만과는 거리가 멀어도 한참 멀어요. 언뜻 보면 공사 현장 같기도 하답니다. 손보기 박사가 일하는 공주 석장리 현장도 허술한 현장 사무실만 세워져 있었습니다. 발굴단은 거기서 먹고 자면서 땅을 구덩이별로 나누고, 삽질하고, 흙을 날랐지요.

고고학자는 왜 이렇게 험한 흙일을 하는 것일까요? 발굴은 왜 할까요? 그건 고고학의 연구 대상인 유적과 유물이 주로 땅속에 묻혀 있기 때문입니다.

유물이나 유적은 아주 먼 옛날에 쓸모가 없어서 버려졌거나 '우연한 기회'에 땅속에 묻혀, 층층이 쌓였다가 또 '우연한 기회'에 발견됩니다. 공주 석장리처럼 큰비가 와서 강가의 언덕이 무너지거나 산사태가 나서 발견되는 수가 있고, 사람들이 밭갈이하거나 건물을 짓기 위해 공사를 벌이다가 드러나기도 합니다.

본격적으로 발굴이 시작되면 유적의 쌓임층을 잘 아는 것이 중요합니다. 어느 방법을 택하든지 겉흙부터 시작해, 위에서부터 차례로 지층 순서에 따라 한 겹씩 흙을 걷어 내지요.

겉흙을 걷어 내는 삽질 소리가 요란합니다. 모두들 힘겹게 삽질해서 거둔 흙을 지게에 담아 묵묵히 강가 언덕에 붓습니다. 발굴은 책상에서 일하는 보통 학자들의 연구와는 다릅니다. 끝없이 반복되는, 지루하고 육체적으로 힘이 드는 노동이지요.

삽질을 해서 겉흙을 걷고 나면, 그 아래 쌓임층을 일일이 흙손을 사용해 차례차례 걷어 내면서 토양층의 성분을 조사하고 석기를 비롯한 각종 유물을 찾아야 합니다. 걷어 낸 흙에서 다시 작은 석기 조각이라도 찾기 위해 체로 거르기도 하고요. 석장리 1차 발굴 때는 늦가을 날씨라서 살짝 언 찰흙 덩어리를 잘게 부수며 석기를 찾아냈지요.

석기가 발견되는 즉시, 발굴 대원들이 일차적으로 목장갑을 낀 손으로 석기를 닦아 냅니다. 석기랑 보통 돌멩이를 구별하기 위해서지요. 그 후 대야에 물을 길어 와서 말끔하게 닦습니다. 물론 석기를 씻기 전후에 사진을 찍어 두지요. 석기가 발견된 위치를 정확히 기록하기 위해 사다리를 놓고 높은 곳에 올라가 사진을 찍기도 합니다.

마지막으로 석기를 거두어들이기 전에 그리드에 따라 좌표를 재어 둡니다. 좌표란 석기가 구덩이에서 발견된 정확한 위치를 말해요. 그리드마다 서에서 동으로, 남에서 북으로, 그리고 유물이 발견된 위치의 깊이를 원점으로부터 수직으로 재서 (x, y, z)로 기록해 두지요.

거두어들인 석기는 비닐 봉투에 넣고 꼬리표를 달아 상자에 잘 갈무리해 둡니다. 나중에 실험실에서 현미경으로 석기의 겉면을 관찰하고 연구해야겠지요. 또한 나중에 유물 유적이 어떤 쌓임층에서 나왔는지를 알 수 있는 기본적인 자료로, 발굴 구덩이의 동서남북 단면도를 그려서 기록해 둡니다.

* * *

금강사에 새봄이 살랑살랑 왔습니다.

금강은 낮은 산굽이를 휘감아 굽이쳐 흐릅니다. 강가 언덕에 노란 유채꽃이 장관을 이루었습니다. 손보기 박사가 금강 언덕 가에 내놓은 책상 앞에 앉아 있습니다. 책상에 현미경을 놓고 뗀석기를 열심히 들여다봅니다. 노트에 무언가를 끄적거리기도 했고요.

손보기 박사는 며칠째 석기를 맞추는 일에 온통 빠져 있습니다. 몸돌인 찍개에서 떨어져 나온 격지 여러 개를 모은 다음, 원래의 모양으로 맞추는 일이지요. 찍개와 격지의 뗀 면, 떼어진 면의 생김새를 뜯어 보면서 요렇게 조렇게 맞춰 보았지요.

"됐다!"

손보기 박사의 입에서 기쁨에 찬 소리가 터져 나왔습니다. 드디어 작업이 끝나자, 원래의 돌 모양이 고스란히 모습을 드러냈지요. 그 순간, 수만 년 전 이 땅에 살았던 구석기시대 사람들이 오랜 시간에 걸쳐서 뗀석기를 공들여 만드는 과정이 손 박사의 머릿속에 생생하게 그려졌습니다.

"아주 먼 옛날에 이 찍개를 만든 구석기시대 사람을 마주한 느낌이었습니다. 찍개에서 옛사람의 따스한 손길이 느껴질 정도였지요."

읽고 나서

1. 유적과 유물을 발굴하는 과정을 차례차례 순서대로 정리해 봅시다.

겉흙을 걷어 낸다. →

2. 우리가 흔히 상상하는 영화 속 고고학자의 모습과 실제 현실 속 고고학자의 모습을 비교해 봅시다.

- 고고학은 진귀하고 값진 보물을 찾는 일이다.

→ 이름 없이 살다 간 사람들의 일상 용품과 흔적을 찾는 일이다.
_____

- 고대의 신전이나 깊은 바닷속을 탐험하는 스펙터클한 모험이다.

→
_____

- 영화 주인공처럼 용감하고 신 나게 활약을 펼치는 일이다.

→
_____

3. 부모님의 오래된 카세트테이프를 찾았는데 만약 집에 카세트플레이어가 없거나, 있어도 테이프가 너무 낡아 데이터가 지워졌다면 음악을 들을 수 없겠지요. 다음 글을 읽고 먼 미래의 고고학자들을 위해 오늘날의 기록을 어떤 방식으로 남겨야 할지 생각해 봅시다.

지금으로부터 천년 뒤인 서기 3014년, 고고학자들이 가운데 구멍이 뚫린 동그란 플라스틱과 직육면체 모양의 납작한 플라스틱 박스를 발견했다. 이들은 관련 자료를 찾아 이것들이 오래전 컴퓨터에서 파일을 저장하기 위해 사용하던 CD와 하드디스크라는 것을 알게 되었다. 고고학자들은 이 유물 속에 도대체 무슨 내용이 있는지 궁금했지만 오랜 시간의 풍화 속에 자력이 다 사라져 데이터는 이미 지워져 버린 상태였다. 그나마 데이터가 남아 있는 디스크들도 디스크를 읽어 줄 장치가 없어 그 내용을 알아낼 방법이 없었다. 몇천 년 전의 기록은 종이와 가죽, 돌판 등에 기록되어 3014년에도 얼마든지 해독할 수 있었지만, 자료를 디스크나 온라인에만 저장해 왔던 2000년대 이후의 기록은 인류의 역사에서 사라져 버리고 말았던 것이다.

4. 다음은 고고학자처럼 탐구하거나 연구하는 직업을 가진 사람들이 보이는 특징들입니다. 각각의 문항을 체크하며 연구자가 되려면 어떤 자세가 필요한지 탐색해 봅시다.

문항	나의 성향		
	그렇다	보통이다	아니다
인내심이 강한 편이다.			
결과보다는 과정이나 방법에 관심이 많다.			
사람들이 정답이라고 말하는 것도 일단 의심해 본다.			
문제를 해결할 때 하나하나 차근차근 따지는 것을 좋아한다.			

궁금증이 풀리기 전까지 계속 물고 늘어진다.			
여러 번 생각한 끝에 결정을 내린다.			
여러 가지 일보다 한 가지 일에 전념하는 것을 좋아한다.			
다른 사람과 일하는 것보다 혼자 일하는 것을 좋아한다.			
안락한 삶보다 의미 있는 삶이 더 가치 있다고 생각한다.			

5. 손보기 박사는 유적과 유물을 발견하면서 옛사람들을 다시 만난 듯 기뻐합니다. 이처럼 인간의 삶의 모습과 문화를 탐구하고 '인간이란 무엇인가?'에 대한 질문을 던지는 공부를 인문학이라고 합니다. 인문학에는 고고학 외에도 어떤 분야가 있는지 조사해 봅시다.

• 세계의 시작과 끝, 인간과 신들에 관한 미지의 세계로 떠나는 모험 :

　　신화

• 시와 소설, 이야기와 감동을 통해 나와 세상을 이해하는 공부 : 문학

• 과거에 일어난 역사적 사건들을 통해 현재와 미래를 밝히는 공부 : _____

• 남을 흉내 내지 않고 자신만의 생각을 갖게 해 주는 공부 : _____

• 인간의 심리와 마음을 이해하기 위한 과학적인 노력 : _____

• _____ : _____

• _____ : _____

고고학 탐정들

폴 반 편집 | 김우영 옮김 | 효형출판

세계 50대 유적을 배경으로 고고학 탐정이 흥미진진한 모험을 진행하는 이야기 형식으로 쓰인 책이다. 탐정의 수사를 따라가는 동안 독자는 '고고학'과 '고대 문명'의 신비롭고 환상적인 세계로 들어가게 될 것이다. 고고학이란 어떤 것인지, 또 세계적인 고고학 유물에는 무엇이 있는지, 고고학은 무엇을 연구 대상으로 삼는지, 고고학자는 유물을 어떻게 발굴하는지에 관심이 있는 학생들에게 이 책을 권한다.

고고학자, DNA 사냥을 떠나다

마틴 존스 지음 | 신지영 옮김 | 바다출판사

DNA 사냥꾼들의 등장으로 고고학은 급변했다. 기존 고고학에서는 발굴된 고대 항아리를 골동품처럼 다룬 반면, 이들은 항아리는 잘게 깨뜨려 버리고 DNA를 채취한다. 발굴한 유물을 박물관에 전시하는 대신, 유물에 묻은 먼지나 냄새를 풍기는 얼룩 등을 연구하기 위해 최첨단 장비가 가득한 실험실로 가져간다. 이 특이한 사냥꾼들은 바로 생체분자고고학자들이다. 이 책은 생체분자고고학이라는 새로운 학문에 대한 훌륭한 지침서가 될 것이다.

우리를 둘러싼 자연의 다양한 현상과 원리에 대해 탐구하는 학문을 자연과학이라고 한다면, 사람에 대해 탐구하는 학문을 인문학이라고 합니다. 사람은 어떤 존재인지, 사람들은 어떻게 살아왔는지, 사람들이 살면서 만들어 온 다양한 관심과 발자취에는 어떤 것들이 있는지 탐구하는 것이죠. 매우 넓은 영역이 인문학에 포함되는데 크게 문학, 역사, 철학, 줄여서 '문사철(文史哲)'을 꼽을 수 있습니다. 인문학은 '사람과 사람다움'에 대해 연구하는 학문이므로 모든 학문과 문화의 기초가 되기 때문에 특정한 분야로 좁혀서 생각하기 힘들고 모든 분야에 필요한 소양을 포함합니다.

우선, 인문학을 연구하는 직업들을 알아보면 **인문학자**, **인문학연구원(사회학, 언어학, 철학, 역사학 등)**이 있습니다. **교수** 및 **연구원**들은 주로 대학과 연구소에 소속되어 연구를 하고 논문을 쓰고 강의를 하거나, 책을 쓰는 일을 합니다.

책을 쓰고 만드는 것과 관련한 직업을 알아볼까요? 책과 관련된 대표적인 직업이 **작가**입니다. 흔히 작가라고 하면 소설을 쓰는 작가만을 생각하기 쉽지만 작가는 다양한 분야에서 필요합니다. 과학, 심리학, 철학, 예술, 법과 정치 등 다양한 분야에서 글쓰기를 통해 세상과 소통하는 사람들이 많이 있지요.

또 요즘에는 사회적인 흐름과 독자들의 요구에 맞춰 출판을 기획해 책을 만드는 일이 많습니다. 그래서 **출판기획자**와 **출판편집자**의 역할이 매우 커지고 있습니다. 하루에도 수백여 종 만들어지는 책을 분류하고 정리해서 잘 읽을 수 있도록 사람들에게 안내하는 일도 중요한데 **평론가**, **사서**, **기록물관리사** 등의 직업이 이를 담당합니다.

그런가 하면 세계의 다양한 언어와 문화를 다루는 직업들도 있습니다. 서로 다른 언어를 사용하는 사람들 간의 의사소통을 책임지는 **통역가**나 **번역가**가 있고, 국제사회를 무대로 하는 국제기구(UN 및 UN 산하 기구)에 근무하는 **국제사무원**이나 **외교관** 등이 이와 관련된 직업입니다. 역사와 문화재와 관련된 직업으로는 궁궐, 사찰, 미술관 및 박물관의 소장품 등 유물의 복원을 관리하는 **문화재보존원**이 있습니다. 심리학 분야에서는 **임상심리전문가**, **심리상담사** 등의 직업이 있고요. 이 직업들은 사람들을 돕는 직업에 대해 알아볼 때 더 자세히 살펴보기로 해요.

문명과 기술의 발달을 이끄는 아이디어의 원천은 결국 '사람에 대한 이해'로부터 나오고, 기술이 구현하는 '그릇'에 담길 '내용물'은 인문학으로부터 나옵니다. 인문학적 소양을 기르는 가장 좋은 방법은 독서랍니다. 독서는 아무리 강조해도 지나치지 않을 만큼 중요하다는 걸 잊지 마세요.

Q 다양한 직업 세계를 알고 난 후에 진로를 결정하고 싶어요. 실제로 그 직업에 종사하는 사람들을 많이 만나 보고 싶기도 하고요. 다양한 직업 세계를 알아볼 수 있는 방법을 알려 주세요.

A 우리나라에서 찾아볼 수 있는 직업의 종류가 얼마나 될까요? 일반적인 기준으로 대략 15,000여 개 정도라고 합니다. 하지만 많고 많은 직업을 일일이 찾아보면서 내게 맞는 직업인지 아닌지 살펴보는 것은 도저히 불가능한 일이죠. 게다가 새로운 직업이 날마다 늘어나고 있고요. 하지만 계속해서 다양한 직업들에 관심을 가지다 보면 자신이 원하는 직업을 찾을 수 있다는 건 분명합니다. 그런 점에서 다양한 직업 세계를 탐색해 보고 난 뒤에 진로를 결정하려는 생각은 정말 현명하다고 박수를 쳐 주고 싶네요.

그럼, 직업 세계에 대한 다양한 정보를 얻을 수 있는 사이트를 소개해 드릴게요. 우선 서울시교육연구정보원에서 운영하는 서울진로진학정보센터(www.jinhak.or.kr)의 '진로 직업 정보' 코너를 이용해 보세요. 여기저기 흩어져 있는 직업 관련 동영상을 모두 모아서 만든 코너인데, 직업군별로 직업에 관련된 자세한 정보를 전문가가 체계적이고 쉽게 설명해 주고 있어요. 전문가와의 만남이나 각 대학별로 주목받는 학과를 소개하는 동영상 등 다채로운 진로 직업 정보를 모아 놓았답니다.

두 번째, 직업 정보에 대한 구체적 사항은 한국직업능력개발원에서 운영하는 커리어넷(www.career.go.kr) 홈페이지에서 '미래의 직업 세계'를 클릭한 후 직업 정보를 검색해서 찾아볼 수도 있어요. 현재 453건의 직업 정보를 담고 있는데, 새로운 직업이 추가될 때마다 업데이트가 되고 있지요. 특히, '주니어 직업 정보'를 클릭하면 초등학생과 중학생이 관심 있어 하는 직업에 대한 정보를 얻을 수 있습니다. 관심 있는 직업을 클릭하면 그 직업에 대한 자세한 정보뿐만 아니라 해당 직업인의 이야기를 직접 들을 수 있는 인터뷰 동영상도 있으니 생생한 직업 현장의 목소리를 들을 수 있을 거예요.

세 번째, 고용노동부에서 운영하는 워크넷(www.jinhak.or.kr)의 '직업 정보 검색'란도 활용해 보세요. 다양한 조건을 통해 직업을 검색할 수 있고 직업에 대한 여러 정보를 확인할 수 있습니다. 눈길을 끄는 이색 직업이나 여행, 음식, 호텔 등 테마별로 관련 직업에 대한 설명을 찾아볼 수도 있고요. 또한 170여 개의 직업인 인터뷰 영상도 있어 해당 직업에 이르기까지의 과정과 보람, 에피소드, 전망 등을 생생한 목소리로 들을 수 있답니다.

진로 선택이 고민이라면 다양한 매체를 통해 세상에 어떤 직업들이 있는지 폭넓게 찾아보세요. 처음에는 대개 책이나 방송, 신문 기사 등을 보고 '이런 직업도 있었구나.', '아! 이런 일을 하는구나.' 정도의 인식에서 출발할 것입니다. 궁금하거나 관심이 있는 직업들에 대해서는 인터넷 사이트를 통해 직업 세계에 대한 정보를 탐색해 보세요. 그러다가 차츰 내 성격이나 적성, 흥미에 잘 맞을 것 같은 직업들로 범위를 좁혀 다각적으로 정보를 수집하고 직업인 인터뷰 영상도 보면서 이것저것 비교해 보세요.

실제 직업인들을 만나기 어려울 경우, 직업인 인터뷰 영상을 통해 그 직업에 종사하는 사람들의 이야기를 듣는 것이 큰 도움이 된답니다. 아니면 그 직업에 종사하는 멘토가 쓴 책을 읽어 보는 것도 좋겠지요?

한 걸음 더 나아가 그 일을 직접 해 볼 수 있으면 더욱 좋구요! 요즘에는 조금의 관심과 노력을 기울인다면 직업 체험을 할 수 있는 기회가 많아요. 다양한 직업 체험을 해 볼 수 있는 기관도 많이 늘어나고 있습니다.

특히, 자치구별로 진로직업지원센터가 생기면서 청소년들의 진로나 직업 탐색 활동을 직접적으로 지원하고 있어요. 지금 현재, 서울에만 15개의 진로직업지원센터가 문을 열었고 전국적으로는 시도별로 1~2개씩 총 33개의 진로직업체험정보기관이 있으며, 앞으로는 더 확대될 예정입니다. 방과후 프로그램이나 주말 프로그램에 참가해 자신의 숨은 재능을 찾아내고 키워 보세요.

영등포에 있는 하자센터(www.haja.net)는 대표적인 청소년 직업 체험 장소인데, 목공, 요리, 디자인, 마술 등 20개의 일일 직업 체험 프로그램을 운영하고 있습니다. 실제 직업인과의 만남과 대화, 간단한 작업 등을 통해 청소년들이 일에 대한 태도와 협업의 즐거움을 배울 수 있는 곳이지요.

분당에 있는 한국잡월드(koreajobworld.or.kr)에서도 43개로 구성된 종합 직업 체험관을 운영하고 있어 다양한 체험 활동을 해 볼 수 있답니다. 이렇게 구체적으로 탐색하고 경험하다 보면 진로의 방향이 좀 더 구체적으로 보이겠지요?

직업 체험을 해 볼 수 있는 곳

분야	프로그램	사이트 주소	신청 방법, 비용 및 운영 시기
경찰	경찰박물관 견학 및 체험	www.policemuseum.go.kr	전화 신청, 무료, 매주 화~일
금융 경제	화폐금융박물관 견학 및 경제 교육	museum.bok.or.kr	인터넷 신청, 무료 매주 화~일
	조세박물관 견학 및 체험	nts.go.kr/museum	인터넷 신청, 무료 매주 월~금
기자	한겨레신문 제작 과정 견학	02)710-0128	전화 단체 신청(35명 내외) 매달 둘째, 셋째 수
음식	한국의 집 체험(전통 음식 및 전통 공예)	www.koreahouse.or.kr	인터넷, 전화 신청, 비용(문의) 휴무일 제외 연중 수시
	강남 조리제과학원 참관 및 체험	www.kncook.com	전화 신청, 비용(협의)
	떡 박물관 체험 프로그램	www.tkmuseum.or.kr	인터넷(단체 20명 이상) 비용(문의), 매주 월~토
항공	한국항공대학교 항공 우주박물관 견학	www.aerospacemuseum.or.kr	인터넷 개인·단체 신청 매주 화~일, 비용(문의) 견학 및 비행 시뮬레이션 교육
IT 산업	유비쿼터스 드림전시홀	www.u-dream.or.kr	인터넷 신청, 무료 매주 월~토
애니 메이 션	서울애니메이션센터 체험	ani.seoul.kr	전화 신청, 매주 화~일
외교	외교관과의 만남 외교 사료관 견학 및 실무자와의 대화	www.mofa.go.kr	개인·단체, E-mail 신청 무료, 매달 첫째, 셋째 수
진로 직업 체험	하자센터 진로 체험	haja.net	개인 신청 1회기 15명~20명 영상·디자인, 힙합, 요리 문화·예술 체험
	한국잡월드 직업 체험	koreajobworld.or.kr	개인·단체 신청
	서울시립청소년 미디어센터 스스로넷 체험 프로그램	www.ssro.net	홈페이지>Education>체험 프로그램>인터넷(단체10인 이 상) 만화 제작, 스튜디오 체험, 콘티 활용 체험

79

눈에 보이는 것 너머에는
어떤 세계가 있을까?

물리학자

>> 『리처드 파인만』
태기수 지음 | 자음과모음

만약 여러분이 잠결에 전화를 받았는데, 전화기에서 "당신이 올해의 노벨상 수상자로 선정되었습니다!"라는 소리가 들려온다면 기분이 어떨 것 같나요? 아마도 놀라서 소리를 지르거나, 설렘과 기쁨으로 가슴이 두근거려 다시 잠들기 어렵지 않을까요? 그런데 노벨상 수상 통보 소식을 받고 나서, 또 연이은 친구들의 축하 전화를 받고도 의연하게 잠든 사람이 있었습니다. 바로 '과학의 전도사'라 불리는 리처드 파인만입니다.

파인만은 유대인 가정에서 태어난 사람입니다. 대부분의 유대인들처럼 그 또한 교회에 열심히 출석하는 신앙심 깊은 사람이었습니다. 그런데 어느 날 어떤 랍비의 고백을 듣고 충격에 빠졌습니다. 그동안 사람들에게 했던 이야기 가운데는 과학적인 근거가 있다기보다는 사람들의 신앙심을 높이기 위해 지어낸 것도 있다는 말이었지요. 그 사건 이후에 그는 실제로 확인 가능한 이야기만을 믿기로 다짐하고 교회에 나가지 않았습니다. 그렇다고 해서 파인만이 눈에 보이는 것만을 믿고 탐색한 것은 아닙니다. 파인만은 눈에 보이지는 않지만 그 너머에 있는 원리를 파악하고 이해하고자 노력한 사람이었습니다.

파인만이 유명해진 것은 2차 세계대전에서 일본에 투하된 원자폭탄의 개발에 참여했기 때문이기도 하지만, 일반인들에게 어렵고 두렵게 느껴지는 물리학의 원리를 선명하고 이해하기 쉽게 설명했기 때문

입니다.

　파인만은 평소 솔직한 말과 행동으로 사람들에게 진실된 사람으로 인정받았습니다. 그런 그가 사람들이 얼마나 고정관념에 빠져 있는지를 시험해 보는 의미에서 엉뚱한 일을 한 적이 있습니다. 출입문을 떼어 지하실에 숨겨 놓은 뒤, 그런 소행을 한 사람이 자신임을 사람들에게 고백한 것입니다. 하지만 파인만이 그런 행동을 할 리가 없다고 생각한 사람들은 농담하지 말라며 다른 사람들을 모아 두고 추궁하기 시작했습니다. 이런 사건을 통해 파인만은 사람들이 얼마나 습관적으로 생각하고 행동하는지를 파악할 수 있었습니다.

　파인만은 틀에 박힌 생각이나 행동을 좋아하지 않았습니다. 그는 언제나 새로운 것을 찾아 모험을 즐기고, 그 새로움 속에서 즐거움을 누리고 싶어 했습니다. 브라질의 바다를 사랑해 브라질로 갔고, 심지어는 죽기 전에 그의 동료이자 제자인 랄프와 지도에도 나와 있지 않은 '탄누투바'에 갈 계획을 세우기도 했습니다.

　여러분은 평소에 잘 알고 있거나 익숙하고 편안한 것을 좋아하나요, 아니면 파인만처럼 낯설지만 새롭고 특이한 사실을 발견할 때 기쁨을 느끼나요? 파인만의 이야기를 따라 과학의 세계로 들어가 볼까요?

브라질에서 지내는 동안 파인만은 한 대학에서 한 학기 동안 강의를 했다. 학기가 끝나 갈 무렵, 학생들이 브라질에서의 강의 경험에 대해 말해 달라고 요청했다. 그 자리에는 학생들뿐 아니라 교수와 정부 관리들도 참석해 있었다. 파인만은 솔직하게 말해도 되겠느냐고 물었다. 모두들 좋다고 대답했다. 파인만은 무언가 결심한 듯 단호한 목소리로 말을 꺼냈다.

"좋습니다. 여기는 자유 국가니까요."

일순 강의실에 긴장감이 감돌았다. 파인만은 먼저 1학년용 기초 물리학 교재를 들어 보였다. 그 책의 저자도 거기에 와 있었고, 모두 훌륭한 교재로 인정하고 있는 책이었다. 파인만은 '과학이란 모든 자연 현상을 이해하는 것'이라고 정의를 내리면서 자신이 하고 싶었던 말을 이었다.

"제가 이 강연을 하는 목적은 바로, 브라질에는 과학이 없다는 것을 알리고 싶어서입니다."

사람들이 술렁거렸다.

"무슨 소리야? 과학이 없다고? 이거 완전히 미친 소리 아냐?"

파인만은 그들이 교재로 사용하는 기초 물리학 책을 들어 보였다.

"이 책에는 실험 결과가 전혀 나와 있지 않습니다. 이 책에 나와 있는 실험 결과가 하나 있긴 하지만, 그것은 가짜입니다. 만약 실험을 해 봤다면, 절대 그런 결과가 나올 수 없지요."

사람들의 웅성거림이 점점 높아 갔다. 파인만은 그걸 무시한 채 계속 말을 이었다.

　"여러분이 훌륭한 교재라고 믿고 있는 이 책에도 과학이 없습니다. 그저 암기만 있을 뿐이죠. 제가 이 교과서를 아무 데나 펴서 왜 그게 암기일 뿐인지 이유를 말하겠습니다."

　파인만은 아무 페이지나 들춰내 손가락으로 짚으며 읽어 나갔다.

　"마찰 형광. 마찰 형광이란 결정체가 부서질 때 빛이 방출되는 것을 말한다. 자, 이 말에 과학이 있다고 믿으십니까? 제가 보기엔, 단연코 없습니다. 여기에는 자연현상에 대한 언급이 전혀 없습니다. 대체 어떤 결정체가 부서지면서 마찰 형광을 내는지, 왜 빛이 나오는지에 대한 설명이 없는 것입니다. 혹시 학생들이 집에서 실험을 하는 걸 보신 적이 있습니까? 아마 없을 겁니다. 이런 내용으로는 실험을 유도할 수 없습니다."

　파인만은 청중의 반응을 한번 살핀 뒤 다시 입을 열었다.

　"이렇게 설명을 해 보면 어떨까요? 캄캄한 방에서 설탕 덩어리를 망치로 내리치면 파란 빛이 난다. 몇 가지 다른 결정체에서도 같은 현상이 일어난다. 왜 그런 현상이 일어나는지는 아무도 모른다. 이런 현상을 마찰 형광이라고 한다. 어떻습니까? 그럼 누구라도 집에서 실험을 해 볼 수 있겠지요? 그렇게 되면 자연현상에 대한 경험 한 가지를 알게 되는 겁니다. 바로 이런 게 제가 말하고자 하는 과학이지요."

파인만은 암기와 자습만으로 이루어지는 교육 현실에서는 오직 시험에 합격할 수 있는 방법만 가르칠 수 있을 뿐이라고 말했다.

"하지만 그런 교육으로는 진짜 과학을 하는 사람을 길러 낼 수 없습니다."

강연이 끝난 뒤 과학교육부 책임자가 일어나서 말했다.

"파인만 씨는 우리가 참으로 듣기 거북한 말씀을 해 주셨습니다. 그의 비판에는 진심이 담겨 있습니다. 따라서 우리는 그의 말을 경청해야 한다고 생각합니다. 그의 말을 듣고 나서야 저는 우리의 교육 체계가 병을 앓고 있다는 걸 깨달았습니다. 우리의 과학 교육은 현재 암에 걸려 있습니다."

교육부 책임자가 말을 마치고 자리에 앉자, 다른 사람들도 일어나 한마디씩 제안을 했다. 모두 파인만의 비판을 수긍하는 분위기였다. 그 자리에서 잘못된 교육을 개선해 나갈 위원회가 조직되었다.

읽고 나서

1. 파인만의 말과 행동을 통해 그의 성격을 파악해 봅시다.

　• 사람들의 시선을 의식하지 않는다.

　•
　_____

　•
　_____

2. 파인만이 '마찰 형광'을 예로 들어 설명한 '진짜 과학'과 '가짜 과학'의 차이점을 비교해 봅시다.

	마찰 형광	과학 교육
가짜 과학	결정체가 부서질 때 빛이 방출되는 것	
진짜 과학		자연 현상을 직접 경험하고 실험해 이를 이해하는 것

3. 다음 두 이야기를 읽고 과학자가 되기 위해서는 아래 네 가지 중 무엇이 가장 중요한지 우선순위를 매겨 봅시다.

> 파인만은 농담을 즐겼을 뿐 아니라 다른 사람에게 장난도 잘 쳤다. 그는 취미 생활과 일을 모두 하나의 놀이로 생각했다. 파인만은 다음과 같이 말했다. "물리학 때문에 머리가 아프긴 하지만 한편으로는 즐거웠지 않았나? 그럼 그것이 즐거운 이유가 뭐였나? 그것을 가지고 놀 수 있었기 때문이 아닌가? 나는 하고 싶은 일을 했지만 그게 핵물리학의 발전에 중요하냐 아니냐는 상관없다. 오히려 그게 얼마나 즐겁고 재미있느냐가 문제였을 뿐이다."

페니실린을 발견한 유명한 과학자 플레밍은 연구도 열심히 했지만 사격, 골프, 당구, 체스, 포커, 탁구, 퀴즈 등 온갖 스포츠와 게임을 즐기는 것으로 유명했다. 그것도 원래 규칙을 무시하고 자신만의 방식으로 새로운 규칙을 만들며 놀았다. 얼마나 노는 것을 좋아하는지 그는 연구를 할 때도 누가 무엇을 하느냐고 물어보면 "미생물을 가지고 논다네. 이 놀이에는 많은 규칙이 있지. 하지만 그 규칙을 깨뜨리는 것이 아주 재미있어. 그럼 다른 사람들은 생각조차 못해 본 것을 알아낼 수 있게 되지." 하고 말할 정도였다.

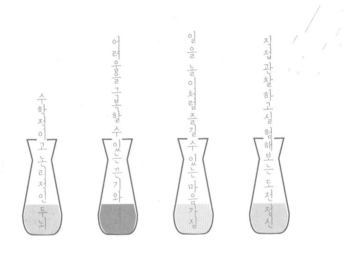

4. 파인만은 젊은 시절 시와 음악, 철학 등을 시시껄렁한 것으로 생각했습니다. 그러다 원자폭탄 개발에 참여해 그 끔찍한 참상을 직접 본 후 인문·사회 분야에도 관심을 갖게 되었습니다. 과학기술 분야와 인문·사회 분야의 특징을 조사해 정리해 봅시다.

달팽이 박사 권오길 이야기

이상권 지음 | 봄나무

패류 연구에 평생을 바친 과학자이자 '달팽이 박사'로 유명한 권오길 박사의 이야기이다. 30여 년 동안 온 국토를 누비고 다니며 우리 땅에 사는 달팽이들의 족보를 만들어 낸 사람, 한갓 미물로만 여겨지던 달팽이들에게 살가운 우리 이름을 붙여 주며 어린아이처럼 좋아한 권오길 박사의 삶을 담았다. 동물과 식물의 삶에 대해 연구하고 싶은 사람, 인간과 생물의 공존에 관심이 많은 청소년에게 이 책을 권한다.

과학해서 행복한 사람들

안여림, 윤지영 외 지음 | 가와이 마키, 김명자, 지나 콜라타 외 인터뷰 | 사이언스북스

이공계 여학생들이 직접 과학자들을 만나 던진 속 깊은 질문과 과학자들이 건넨 따뜻하고 진중한 조언을 담은 책이다. 다섯 명의 학생이 저마다 가슴에 품고 떠난 의문, 인터뷰를 통해 얻은 희망, 그리고 긴 여행 끝에 되새겨 보는 조언이 모두 담겨 있다. 지금 과학을 하면 먹고살 수는 있을까? 더구나 '여성' 과학도로 살아남으려면 어떤 길을 택해야 하는 것일까? 고민하는 예비 과학자들, 특히 여성 과학도들에게 추천한다.

자연과학은 자연의 원리를 찾아내기 위한 학문입니다. 조금 더 자세히 말하면 수학, 물리, 화학, 생명과학, 지구과학 등으로 나누어 볼 수 있지요. 자연과학은 공학처럼 산업과 직결되는 실용적인 학문이 아니라서 취업이 잘 되지 않고 관련 직업도 많지 않을 것이라고 생각하는 경우가 많습니다. 그러나 하나하나 따져 보면 의외로 연결되는 응용 분야가 다양하고 미래 사회에 유망한 직업도 많은 분야입니다.

먼저 수학과 관련된 직업부터 살펴볼까요? 여러분이 가장 많이 알고 있는 직업은 **수학교사**일 것입니다. 그래서 수학을 좋아하는 학생 가운데는 수학교육과에 지원하려는 경우가 많습니다. 그러나 수학과 관련한 분야는 생각보다 매우 넓고 유망합니다. 수학과를 졸업한 학생들이 가장 많이 취업하는 분야는 보험회사, 증권회사, 은행 등이 포함되어 있는 금융권입니다.

현재도 그렇지만 미래에는 수학을 기본으로 한 통계가 금융 분야에서 매우 중요합니다. 보험회사에서는 **보험계리사, 손해사정인** 등이 일합니다. 요즘엔 신용카드 지출을 분석해 맞춤형 쿠폰 등을 발행하는 빅데이터 분석이 이루어지기 때문에 수학과 통계를 전공한 인재를 필요로 합니다. 중요한 정보들이 모두 전산화되다 보니, 보안과 관련한 분야가 매우 중요해질 전망이지요. 보안의 기초는 암호화입니다. 암호학은 수학에서 빼놓을 수 없는 중요 분야입니다. 수학은 통계, 컴퓨터와 함께 연결되어 매우 넓은 분야에 이용되고 있습니다.

그렇다면 물리와 연관된 직업의 전망은 어떨까요? 물리는 모든 공학의 기초입니다. 전기, 전자, 반도체, 광학, 정보통신, 재료, 방사선, 항공, 원자력 등 물리를 기본으로 한 응용 분야는 광범위합니다. 요즘 유망 학문으로 뜨고 있는 '나노과학'이라는 첨단 분야도 물리와 밀접하게 연관되어 있습니다. 나노과학은 1억분의 1(10-9)을 나타내는 나노라는 단위에서 유래한 것으로 원자나 분자 정도의 작은 단위 물질을 연구하는 과학입니다. 기초과학과 응용 기술이 만나는 지점에서 활발히 연구하고 활용되고 있는 분야이기 때문에 관련 분야에서 일할 사람이 많이 필요합니다.

여러분은 '녹색 직업'이라는 말을 들어 보셨나요? 미래 사회는 의료 기술의 발달로 평균수명이 늘어나 2040년에는 83억에 달하는 인구가 지구에 살게 될 것이라고 합니다. 인구가 늘어나면 식량과 물, 에너지가 부족해지거나 대기오염, 해양오염, 쓰레기와 관련된 환경 문제를 어떻게 해결할 것인지 그에 대한 관심도 높아지겠죠? 당연히 이와 관련된 직업이 많이 필요하게 될 것입니다. 이렇게 지구에서 인류가 오래도록 번영을 누리며 '지속가능한 발전'을 할 수 있도록 환경을 보호하고 대체에너지를 개발하거나 사용하는 일과 관련된 직업을 '녹색직업'이라고 한답니다.

녹색 직업은 지구환경을 연구하는 직업, 환경을 보호하는 직업, 에너지와 관련한 직업으로 나눌 수 있습니다. 지구환경을 연구하는 직업으로는 **기후변화전문가, 기상전문가, 해양학자** 등이 있으며, 환경을 보호하는 직업으로는 환경 단체에서 환경보호 운동을 하는 **환경운동가**뿐 아니라 **환경영향평가사, 환경컨설턴트, 환경설비기술자**와 **친환경제품을 개발하는 직업**들이 있지요.

에너지와 관련해서는 태양열, 조력, 풍력 등의 대체에너지 자원을 개발하는 개발자와 에너지를 생산, 저장, 수송하기 위한 엔지니어가 필요합니다. 이외에도 콩, 옥수수, 감자 등의 식물을 이용해 에너지(바이오에너지)를 만들거나 생활 쓰레기에서 에너지(폐기물에너지)를 생산해 내는 등의 연구가 진행되고 있습니다. 또한 기존에 사용하고 있던 에너지를 더욱 절약하여 쓸 수 있도록 연구하는 **연료전지전문가,**

LED제품개발자, 에코디자이너 등의 직업도 있습니다.

그런가 하면 인공위성을 이용한 지리정보시스템(GIS)의 발달로 **지리·지형과 관련된 직업**도 함께 발전하고 있습니다. GIS와 관련한 직업을 갖게 되면 항공사, 건설회사 등 지형 정보가 필요한 기업, 국토개발과 관련한 국가기관에서 일할 수 있습니다. 천문 우주과학의 경우 이전에는 취업할 기회를 얻기가 쉽지 않았지만 2018년 이후 전 세계적인 천문 우주과학 프로젝트들이 계획되어 천문학적인 규모의 예산이 투입될 예정이라고 합니다. 가까운 장래에 천문학과 우주과학을 좋아하는 사람들이 거대 과학 프로젝트에 참여해 일할 기회를 많이 얻을 수 있을 것이라고 하네요.

선생님 질문 있어요 !?

Q 시험을 보면 항상 국어나 영어 점수가 제일 높지만 저는 수학, 과학 공부가 훨씬 재미있어요. 잘하는 언어 쪽 일을 선택해야 할까요? 아니면 제가 좋아하는 수학, 과학 쪽 일을 선택해야 할까요?

A 자신이 무엇을 좋아하고 잘하는지 찾아내는 일은 쉽지 않습니다. 게다가 자신의 특성에 알맞은 직업을 하나로 결정하는 것은 더욱 어렵고요. 중학생인데 벌써 자신이 잘할 수 있는 일과 좋아하는 일을 찾은 것만 해도 훌륭한 진로 탐색이 이루어진 것이랍니다.

적성과 흥미가 서로 대립할 때 어느 쪽을 선택해야 할지는 개인의 성향에 따라 달라요. 자신의 능력을 남에게 인정받음으로써 만족을 느끼는 경우에는 적성을, 사회적 성공보다는 자기 자신이 좋아하는 일을 할 때 행복을 느끼는 경우는 흥미 쪽을 선택하는 경향이 있거든요.

좋아하는 일을 선택하면 열정을 가지고 즐겁게 일할 수 있고, 좋아하다 보면 결국 잘하게 된다고 생각하는 사람이 있습니다. 또 어떤 사람들은 내가 잘하는 일을 하면, 그 일이 즐겁고 재미있을 수밖에 없고 자신감도 넘쳐서 더 좋다고 말하기도 하지요. 물론 내가 잘하는 일이 좋아하기도 하는 일이라면 더할 나위 없이 좋겠지요.

'아이리버'의 mp3를 디자인한 세계적인 디자이너 김영세 씨는 이 세상에서 제일 멋진 일은 '시작 전부터 가슴 설레는 일, 하는 동안 정신없이 빠져드는 일, 그 결과가 다른 사람에게 기쁨을 주는 일'이라고 하더군요. 이 관점에서 본다면 내가 좋아하는 일을 찾는 게 맞는 것 같죠?

그런데 또 그렇지 않은 사람도 있어요. 생태학자 최재천 교수의 경우를 예로 들어 볼까요? 그는 소설 『설국』을 읽고 작가를 꿈꿨을 만큼 어릴 때부터 문학을 사랑한 소년이었습니다. 그렇지만 부모님은 법대나 의대에 진학하기를 바라셨지요. 그는 부모님의 뜻에 따라 대학에 지원했다가 불합격해 2지망인 동물학과에 입학하게 되었습니다. 최재천 교수에게 동물학 연구가 처음부터 최선의 선택이었던 것은 아니지만, 공부를 하다 보니 그 분야에 대해 잘 알게 되고 중요성을 인식하게 되었던 것입니다. 최재천 교수가 인문학과 과학의 융합, '통섭'의 키워드가 된 것도 바로 시인의 감성을 가진 과학자이기에 가능하지 않았을까요?

이렇게 진로 선택에 있어서 적성과 흥미는 모두 중요하며, 어느 것이 더 중요한지는 판단하기가 쉽지 않습니다. 선택이 어려울 때는 나의 성향은 어느 쪽인지 직업적성검사를 통해 도움을 얻는 것도 윤곽을 정하는 데 도움이 된답니다.

행복한 공존을
위한 기술

적정기술자

>> 『소녀, 적정기술을 탐하다』
조승연 지음 | 뜨인돌

소녀,
적정기술을 탐하다

뜨인돌

여러분은 혹시 '적정기술'이라는 말을 들어 본 적이 있나요? '적정한 기술? 아니면 적당한 기술을 의미하는 건가? 그런데 뭐에 적정하다는 거지?' 하고 궁금해하는 친구들도 있을 것입니다.

'적정기술'은 장애인, 빈민 등 사회적, 경제적으로 기술의 지원을 받기 어려운 사람들의 환경에 적합하게 설계하는 기술을 말합니다. 그들의 생활에 필요한 물건이나 서비스를 제공함으로써 스스로 삶을 개선하고 소득 증대 활동을 지속할 수 있도록 지원하는 기술이지요. 그런 맥락에서 본다면 '적정기술'을 '인간을 위한 기술'로 불러도 되지 않을까 싶어요.

하지만 가난한 사람들을 위한 기술이라도 기술은 기술입니다. 사람들은 '기술' 하면 기술자나 공학자 등만이 개발할 수 있는 것이라 생각합니다. 그런데 꼭 그렇지는 않아요.

여기 많은 사람을 위한 기술을 만들고 싶어 하는 여중생이 있습니다. '아니 중학생이 기술·가정 시간에 배우고 시험 보는 기술 말고 도대체 어떻게 기술을 탐한다는 거야? 게다가 여학생이?'라고 생각하는 친구도 있을지 모르겠어요.

승연이는 우연히 적정기술을 연구하고 보급하는 데 애쓰시는 교수님의 강연을 듣고 감명을 받아 자신의 진로를 '적정기술'로 정했습니다. 그 이후로 승연이는 적정기술에 관한 책을 읽고, 적정기술을 전공하신 분들을 만나 이야기를 듣거나, 적정기술을 체험하는 캠프 활동 등을 통해 적정기술에 대한 지식과 열정을 키워 나갔습니다. 게다가 머나먼 몽골까지 가서 자신이 책이나 강연 등을 통해 배우고 익혔던 적정기술이 현지에 어떻게 적용되고 있는지 직접 체험해 보기도 했지요.

많은 사람에게 아직 낯설어 보이고 자신도 잘 알지 못했던 분야에 승연이가 이렇게 적극적으로 뛰어들 수 있었던 원동력은 어디에 있을까요? 바로 자신의 진로에 대한 탐구 의식과 미래에 대한 열정이라고 할 수 있을 거예요. 승연이는 자기가 전공하고자 하는 적정기술을 통해 세상의 많은 사람과 소통하면서 함께 살아가는 꿈을 꾸었을 것입니다. 그리고 그러한 꿈의 실현을 위해 중학생 때부터 한 걸음 한 걸음 나아간 것이겠지요?

여러분의 꿈은 무엇인가요? 여러분의 삶을 걸고 이루고 싶은 것이 있나요? 아직 그런 꿈을 찾지 못했다고요? 걱정하지 마세요. 살면서 꿈은 얼마든지 바뀔 수 있고, 또 꿈을 찾는 시기도 사람마다 다를 수 있으니까요. 자, 그럼 꿈을 찾은 소녀 승연이가 자신의 꿈에 다가가기 위해 어떤 노력을 했는지 살펴볼까요?

의사는 의과대학을 졸업하면 되고, 선생님은 교육대학을 졸업하면 되고, 음악가는 예술대학을 졸업하면 된다. 하지만 '적정기술'이라는 이름을 가진 학과는 세계 어느 대학에도 없다. 처음 이 사실을 알았을 때 나는 적지 않은 충격에 휩싸였다. '그럼 나는 적정기술 일을 못하는 건가?' 하는 엄청난 상실감까지 들었으니 내가 느낀 충격과 절망감이 어느 정도였는지 알 수 있을 것이다.

그때는 이 고민을 해결하기 위해 장수영 교수님께 메일도 드려 보고, 적정기술 책도 많이 찾아 읽어 봤다. 나에게는 너무나도 다급한 일이었던 것이다. 이러한 발버둥 끝에 찾아낸 해답은 조금 뜬금없게도, '적정기술은 원래 직업의 경계가 없다.'는 것이었다.

공학자면 공학자, 디자이너면 디자이너, 사회적 기업가면 사회적 기업가 등 어떤 직업을 갖든 상관없이 그 직업을 가진 상태에서 적정기술 프로젝트에 자신을 사용하면 그것이 바로 '적정기술자'가 되는 것이다. 심지어 음악을 하는 사람도 적정기술 프로젝트를 위해 자신의 재능을 사용하면 '적정 음악'을 만들 수 있다.

예를 들어, 몽골에서 부모들에게 지세이버 사용법 교육을 하는 동안 아이들에게 신 나는 음악 수업을 해 준다면 그것이 바로 '적정 음악'이 되는 것이다. 또 요리사가 그 도시의 가난한 사람들을 위해서 도시락을 제작했는데 주변에서 쉽게 구할 수 있는 재료를 썼다거나 친환경 용기를 사용했다면 그것 또한 '적정 요리'가 아닐까?

적정기술은 '여과기'와도 같다. 이 여과기만 거치면 어떤 직업이든 소외된 이웃들을 위한 정예부대로 뭉쳐진다. 정말이지 너무 멋있다. 어떤 직업을 갖든 적정기술 프로젝트 안에 모두의 역할이 숨어 있으니 말이다. 나도 나의 역할을 열심히 찾는 중이다. 알면 알수록 요놈의 욕심은 사그라질 줄을 모른다. 일단 지금은, 공학 설계 아카데미에서 느낀 바대로 공학을 먼저 제대로 배운 후, 디자인과 경영을 배워 일명 '적정기술 능력자'가 되기로 결심해 둔 상태다! 나에게 맞는 공학 분야는 계속 찾고 있는데, 요즘은 에너지 분야나 재료공학, 환경공학 쪽이 끌린다. 다시 끝없는 리서치와 희비 엇갈림의 시작인 것인가. 그래도 내 꿈에 점점 가까워지는 이 느낌이 좋다.

* * *

학교에서 친구들에게, 선생님께 적정기술 이야기를 살짝 꺼내면 "적정기술? 그게 뭐야?" 하며 갸우뚱하는 사람이 대부분이다. 학교나 동네 도서관에도 적정기술에 대한 책이 전무할 정도니…….

이토록 좋은 적정기술, 내가 첫눈에 반했던 적정기술을 많은 사람들이 잘 모르는 것 같아 참 섭섭했다. 고등학교에 올라와서 담임 선생님께 "선생님, 적정기술은 말이에요~" 하며 신 나게 설명드렸다. 한 번도 아니고, 두 번 드렸다. 하지만 선생님은 아직도 그 이름이 귀에 잘 안 익으셨는지 "그… 적합… 적절기술…… 뭐였더라~?!" 하신다.

또 화학공학과를 다니고 있는 한 대학생 오빠에게 '적정기술'이라는 단어를 얘기했더니, 처음에는 화학에서 적정 온도, 적정 부피 등을 만들기 위한 기술인 줄 알았다는 것이다. 오, 마이 갓! 척박한 사면초가의 상황이여.

주변 분들도 많이 걱정하셨다. 그 일을 하면 돈은 벌 수 있냐, 좋은 일 하는 것도 좋지만 이왕이면 고소득 전문직이 낫지 않겠냐 등등. 이럴 때 힘이 되어 준 것은 친구들이었다. 기특한 녀석들! 친구들은 내가 열심히 행사장을 따라다니고 과학 수행평가도 장애인 친구를 위한 깔창 만들기를 하는 것을 보며, 서서히 내 꿈에 관심을 갖기 시작했다. "승연! 너는 장래희망이 뭐기에 이렇게 바쁘게 사냐! 나도 좀 알려 줘!" 하며 다가오는 친구들에게, '드디어 나의 활약이 시작되겠군.' 하며 적정기술 이야기를 슬쩍 꺼냈다.

친구들의 처음 반응은 대개 "이런 분야가 있었어?", "캬~ 진짜 멋진 일이다! 승연이 너, 이런 건 어떻게 알았냐?", "되게 재미있어 보인다."였다. 하지만 적정기술에 대해 조금 더 아는 친구들은 나와 비슷한 고민을 하고 있었다. "그런데, 적정기술에는 첨단 기술이 하나도 안 들어가는 거야? 너무 초보적인 기술만 있으니까 재미가 없는 것 같아……." 이런 말을 들을 때면 나도 어떤 이야기를 해야 할지 잘 몰랐다. 나도 한창 답을 찾으려고 몸부림치던 시기였으니까. 그래도 친구들끼리 서로의 꿈을 물어봐 주고, 응원해 주고, 비판도 하는 그 분위기가 나는 참 좋았다.

　여담으로, 용인외고 면접 전날 쉬는 시간에 친한 친구들과 면접 준비를 하고 있었다. 화두는 단연 나의 꿈 적정기술 공학 설계 디자이너였다. 어쩌다가 외국인 노동자 이야기가 나와서 그쪽으로 이야기가 흐르고 있었고, 나는 적정기술로 외국인 노동자를 돕겠다는 말을 하고 있었다. 음, 구체적인 방안이 없는데 면접에서 그런 말을 하면 큰일 나는데……. 그런데, 딱 걸렸다. 식당으로 밥을 먹으러 가는데, 평소 우리파(?)에서 조용하던 한 친구가 나에게 미소를 날리며 날카로운 질문을 던졌다. "그런데 아까 외국인 노동자도 적정기술의 범주에 낄 수 있다고 말씀하셨는데, 구체적으로 어떻게 하겠다는 거죠? 지금까지 그런 예가 있습니까?" 아무 반격을 못 한 채 실실 웃으며 흐물거리고 있는 순간, 그 친구에게서 질문이 하나 더 날아왔다. "그리고 아프리카의 어떤 지역에서, 어떤 문제를 해결하는 적정기술 활동을 할 건지도 하나만 말해 주세요!"

　휴우, 식은땀을 뺐던 기억이 난다. 평소에 조용해서 나에게는 큰 관심이 없는 줄 알았는데, 그 친구가 너무 고마웠다. 이렇게 내 꿈에 대해 전폭적인 응원을 하거나, 면접 잘 보라고 엉덩이 한 대 때리는 매력적인 친구들이 있었기에 나는 든든하게 면접장으로 향할 수 있었다.

읽 고 나서

1. 다음 글을 읽고 [   ] 안에 적당한 말을 넣어 적정기술의 정의를 완성해 봅시다.

> 한 유명한 자동차 디자이너가 끝내주는 포르쉐 자동차를 설계했다. 하지만 이 차를 살 수 있는 사람이 과연 몇 명이나 될까? 웬만한 갑부가 아니고서는 그 바퀴도 못 산다. 하지만 이 디자이너가 교통수단이 없는 개발도상국 시골 마을 사람들을 위해 적은 돈으로 만들 수 있는 소형 자전거를 설계했다면 어떨까? 포르쉐를 살 수 있는 사람보다 적어도 천 배는 되는 사람들이 혜택을 얻게 될 것이다. 적정기술은 이와 같이 [   ] 의 혜택으로부터 소외되어 [   ] 하는 사람들에게 [   ] 을 해 주는 기술이다.

2. 아래에 제시한 적정기술 제품들을 살펴보고 나만의 적정기술 제품을 고안해 봅시다.

머니메이커 펌프

전기 없이 자전거처럼 페달을 밟아 작동시키는 펌프. 전기가 공급되지 않는 아프리카, 필리핀의 채소 농장에서 인기 만점.

기라도라

전기 없이 발로 밟으면 플라스틱 원통이 회전하며 빨래를 해 주는 수동 세탁기. 페루 빈민가 사람들의 애용품.

보틀 스쿨

비싼 건축자재 대신 버려진 페트병과
유리병 수천 개를 모아 흙으로 버무려
지은 학교. 필리핀 루손 섬의 보틀 스
쿨은 콘크리트 건물보다 3배나 튼튼.

3. 승연이는 평소에는 수줍음이 많지만 적정기술 이야기만 나오면 적극적이
고 과감한 아이가 됩니다. 여러분의 평소 모습과 함께 그 모습이 전혀 다르
게 변할 때는 언제인지 이야기해 봅시다.

평소의
내 모습

변할 때의
모습

4. 여러분이 진로를 찾기 위해 승연이를 만나서 인터뷰를 한다고 가정하고 인터뷰 질문 목록을 작성해 봅시다.

- 직업은 어떻게 결정하셨습니까?
-
-
-
-
- 하는 일이 좋은 이유와 싫은 이유를 하나씩 말씀해 주세요.
- 더 많은 의견을 구하기 위해 다른 분을 찾아뵙고 싶은데 소개해 주실 분이 있나요?

5. 적정기술은 2개 분야 이상의 과학기술이나 학문 분야를 결합해 시너지 효과를 극대화한 일종의 융합 기술이라고 볼 수 있습니다. '매쉬업, 콜라보 레이션'이라고도 부르는 융합의 다양한 사례를 조사해 봅시다.

- 비빔밥 : 이질적인 재료들이 모여 탄생한, 보기에 아름답고 맛난 음식
- 팝페라 : 대중음악인 팝과 클래식 오페라가 만나 탄생한 새로운 장르
- 스마트폰 : 전화에 카메라, 네비게이션, 음악 감상 기능 등 다양한 기능을 합친 융합의 대표 선수
- _____ : _____
- _____ : _____
- _____ : _____

적정기술이란 무엇인가

김정태, 홍성욱 지음 | 살림출판사

쉽고 재미있게 적정기술에 대한 이해를 돕는 책이다. 사람들의 삶을 발전시키는 기술에 대한 고민에서 적정기술이 탄생되었다는 것, 지역의 고유한 문화적 배경이나 경제 조건들과의 조화를 목표로 하는 적정기술의 정의, 또 인도의 간디부터 우리나라의 김만갑에 이르기까지 적정기술 개척자들의 일화를 소개한다. 적정기술로 무엇을 할 수 있는지 궁금한 청소년들에게 이 책을 권한다.

소외된 90%를 위한 디자인

스미소니언연구소 지음 | 허성용, 허영란 옮김 | 홍성욱 감수 | 에딧더월드

빈부 격차 등 전 세계가 고민하는 수많은 문제에 창의적으로 접근하는 방법을 소개한 책으로, '인간의 얼굴을 한 발전'을 꿈꾸는 사람이라면 누구나 참여할 수 있는 적정기술 이야기다. 이 책에 등장하는 이들은 그동안 첨단 기술이 해결하지 못했던 국제사회의 문제에 도전하고 있다. 적정기술이 세계의 불평등을 해소하고, 더 나은 미래에 어떻게 기여하는지 알 수 있을 것이다.

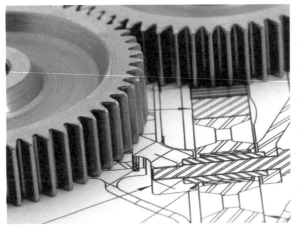

여러분이 가지고 있는 물건 중 어디에 갈 때나 가지고 다니는 것은 무엇인가요? 여러 가지 물건을 꼽을 수 있겠지만, 역시 스마트폰을 떠올리는 친구들이 많을 거예요.

스마트폰, 이거 한 가지만 있으면 심심할 일이 없죠. 전화, 문자, 인터넷은 물론 게임, 영상, 신기하고 다양한 앱까지 여러분을 사로잡는 스마트폰을 만들어 낸 기술, 이것이 바로 공학입니다.

지구 위에 신이 만들어 놓은 물체를 '자연'이라고 한다면 인간이 만든 것들은 대부분 '공학'에서 비롯되었습니다. 원시인들이 자연을 변형하기 위해 만들었던 빗면, 지레, 바퀴와 같은 간단한 도구들은 쐐기에서 지퍼로, 무게를 다는 도구에서 건반으로, 기어와 벨트로 발전하면서 서로 결합하고 응용되어 더 많은 도구와 기계로 발전해 왔습니다. 자연과학이 자연의 본질과 원리를 탐구하는 학문이라면, 공학은 이를 바탕으로 인류에게 의미 있는 새로운 제품, 도구, 기계, 건축물 등을 만드는 학문입니다. 과학이 '왜'라는 질문에 답하는 학문이라면, 공학은 '어떻게'라는 질문에 답하는 학문으로 우리가 상상했던 것을 실제로 가능하게 하지요.

공학이 이렇게 실질적인 문제 해결에 관련되어 있다 보니 공학 분야에서 일하려면 과학 지식을 이해할 수 있는 이해력도 필요하지만, 기계나 도구를 활용해 실질적이고 구체적인 문제를 해결해 내는 능력도 함께 요구됩니다. 만들고, 고치고, 개발하는 일이 재미있고 도구나 기계를 잘 다루는 손재주가 있는 사람이라면 더욱 좋습니다. 또 하나, 지금보다 더 나은 것, 더 편리한 것, 좀 더 기발한 것을 생각해 낼 수 있는 상상력과 여러 분야를 융합하고 통합할 수 있는 열린 사고를 가지고 있다면 금상첨화겠죠?

기술의 발달이 세분화, 첨단화되면서 공학의 분야도 날이 갈수록 다양해지고 있습니다. 가장 전통적인 공학 분야로는 전기·전자, 기계, 재료, 화학, 건설·토목 분야가 있지요. 여기에 각 분야가 통합되고 다른 학문 분야가 융합되면서 컴퓨터·통신, 바이오, 뇌 인지, 생명공학, 에너지·녹색 산업, 해양, 교통, 항공, 우주, 제어계측(메카트로닉스), 신소재, 반도체, 산업공학 등의 다양한 분야로 발전되어 가고 있습니다.

공학과 관련된 대표적인 직업에는 각 분야의 **개발자, 기술자(엔지니어), 연구원, 공학교수** 등이 있습니다. 그런데 기계들이 첨단화되고 더욱 지능적인 형태로 진화할수록 하나의 기계를 만들고 운영하는 데 여러 기술이 복잡하게 연결되고 응용됩니다. 기술 전반이 고도로 발달해 있기 때문에 혼자서 모든 것을 하는 것은 불가능하지요. 새로운 기술을 받아들이고 결합해 또다시 새로운 기술을 창출해 나가는 열린 마음과 융합의 정신이 꼭 필요하겠죠?

이런 흐름을 반영한 미래 사회의 인재상을 이야기할 때 상상력을 발휘해 여러 분야를 융합할 수 있는 사람, 낯설고 새로운 관계에서도 협업을 잘해 낼 수 있는 삶, 그 속에서 목표하는 바를 성취해 내는 리더십을 발휘할 수 있는 사람이 필요하다고 말하는 것입니다.

2040년을 내다본 유엔미래보고서에 따르면 미래 사회는 고령화로 인한 의료 보건 분야가 더욱 발전하고 그 수요가 늘어날 것으로 예측된다고 합니다. 이에 따라 인공장기나 인공관절이 만들어지고, 인간의 시력을 능가하는 인공 눈이 만들어지는 등 생명공학과 의료공학이 급속도로 발전할 것이며, 뇌 과학 및 관련 공학의 발달로 뇌와 컴퓨터가 소통하는 시대가 열릴 것이라고 해요.

또 국제 교류의 증가로 항공 관련 분야의 수요가 지속적으로 증가할 것이므로 자동차 및 항공 우주 공학 분야가 더욱 발전할 것입니다. 3D 스캐너와 프린터의 보급으로 가정에서도 간단한 물건은 직접 만들어 쓸 수 있는 시대가 올 거라는 예측도 가능하겠죠? 그렇다면 제조업이 심각한 타격을 입을 수도 있습니다.

공학은 이렇게 변화하는 세계의 요구에 발 빠르게 대응해야 하는 학문이기 때문에 분야의 발전과 쇠퇴 역시 빠르게 진행됩니다. 공학과 관련한 직업을 고민하고 있는 학생이라면 미래 사회를 예측하는 책이나 자료 등을 통해 앞으로 필요한 공학이 무엇일지 깊이 생각해 보고 진로를 결정하는 것이 좋겠지요?

선생님 질문 있어요 !?

Q 저는 파일럿이 되고 싶어요. 그런데 파일럿이 되는 과정이 너무 어렵다는 사실을 알게 되었어요. 공부도 잘해야 하고 신체 조건도 까다로운 기준을 통과해야 하고요. 어려서부터 파일럿이라는 꿈 하나만 가지고 있었는데 중학생이 되면서 꿈을 포기해야 하는 것은 아닌가 하는 생각이 듭니다.

A 하늘을 나는 파일럿이 되기를 희망하는 학생이군요. 학생이 말한 대로 파일럿이 되는 것이 분명 쉬운 일은 아닙니다. 하지만 목표를 이루기 위해 노력해 보지도 않고, 지레 겁을 먹고 꿈을 포기하는 것이 답은 아니라고 생각합니다.

일단 파일럿이 되기 위해서는 신체 조건을 갖추는 일이 중요하니까 자신이 그 조건에 합당한지를 검사해 보아야 합니다. 특히, 무엇보다 시력이 중요하기 때문에 유전적으로 시력이 좋지 않다면 파일럿이라는 진로는 변경하는 것이 맞습니다.

정말 파일럿이 되고 싶은데 만일 신체 조건 때문에 포기해야 한다면, 항공과 관련한 다른 직업을 찾아보는 것을 제안하고 싶습니다. 항공기계공학과나 기계공학과, 전자공학과 등을 졸업한 후 항공기 회사에 취업해 항공기를 설계하고 제조하는 직업도 멋지지 않나요?

이것보다 조금 더 현실적인 직업은 항공정비사가 되는 것입니다. 항공기의 안전 관리를 담당하는 항공정비사는 국내에서도 경비행기 시장이 늘어나면서 미래에 가장 유망한 직업 중 하나가 되었답니다. 또 항공운항관리사라는 직업도 있습니다. 항공 노선의 변경에 따른 연비 소비량을 계산하거나 화물의 무게를 산출해서 비행 계획서를 작성하는 직업이에요. 그런가 하면 항공기의 이착륙을 관리하는 항공관제사라는 직업도 있습니다. 신체 조건 때문에 파일럿이 되는 길을 포기했다면 파일럿 이외에도 비행기를 움직이는 멋진 직업에 도전해 보세요.

그런데 신체 조건은 되는데 공부가 문제라서 벌써부터 파일럿의 꿈을 포기한다면 다시 생각해 보라고 말해 주고 싶어요. 이제 공부를 막 시작하는 중학생인데, 성적 때문에 꿈을 포기하는 것은 너무 이릅니다. 구체적인 학업 계획을 세워서 공부를 시작해 보세요. 일단 항공 관련 직업을 가지기 위해서 가장 중요한 영어 공부부터 시작해 보면 어떨까요? 영어 공부를 열심히 해서 영어는 매우 잘하게 되었는데, 다른 과목을 못해서 파일럿이 되지 못하면 어떻게 하냐고요? 네, 그럴 수도 있습니다. 하지만 영어 공부를 열심히 해서 영어 실력이 좋아졌기 때문에 다른 항공 관련 직업에 도전할 수도 있고, 또 생각하지도 못했던 다른 직업을 가질 수도 있을 거예요. 학생은 이미 하고 싶은 일을 위해 노력하는 자세와 영어라는 역량을 갖춘 인재가 되어 있기 때문입니다.

기발한 상상력으로
마음을 훔치다

광고디렉터

 『광고천재 이제석』

이제석 지음 | 학고재

광고천재 이제석

천상 광고쟁이 이제석은 건물 옥상 위로 삐죽 솟은 굴뚝을 보면 총알이 튀어 나가는 총열로 보인다고 합니다. 그는 사물을 보면 그것을 서로 어떻게 엮어야 할지 고민하고, 고민하는 만큼 새로운 아이디어로 사람들을 놀라게 하고 감동하게 합니다. 그래서 그를 '광고 천재'라고 부르는지도 모르지요.

이제석이 처음부터 천재였던 것은 아닙니다. 학창 시절, 공부에는 취미가 없었지만 만화 하나는 기막히게 잘 그리던 이제석은 학교 선생님을 소재로 그린 만화에 스토리를 입혀 친구들에게 보여 주곤 했습니다. 친구들 사이에서는 이미 인기 만화가였던 셈이지요. 이를 본 미술 선생님의 권유로 미대에 진학해 가장 우수한 성적으로 졸업했지만, 지방대 졸업생인 그에게 사회는 일자리를 쉽게 내주지 않았습니다. 그렇게 벽에 부딪혀 오기로 시작한 유학 생활은 생각만큼 쉽지 않았죠. 그러나 끈기와 노력으로 뉴욕에 있는 예술 학교에서 스승을 만나고, 수많은 공모전에서 수상하는 결과를 이루어 냅니다.

그는 어떻게 알아주는 이 없는 타지에서 공부를 하고, 공모전에서 수상을 하고, 세계에서 가장 유명한 광고 회사에서 일할 수 있었던 것일까요? 바로 끊임없이 아이디어를 요구하는 교수들의 지도와 그 과정의 힘겨움을 피하지 않았던 그의 노력이 있었기 때문입니다. 반복되는 매일 속에서 특별한 것을 만들어 내는 힘, 그것이 그의 남다른 창의력이겠지요.

예쁘게 그리기 위해 포토샵으로 그린 그림에 대해 혹독한 평가를
받거나 아이디어가 없으면 쳐다보지도 않는 교수들에게 신임을 얻기
까지 이제석은 생각하고 또 생각하고, 그리고 또 그립니다. 그가 주변
사람들에게 신임을 받을 수 있었던 결정적 요인은 무엇이었을까요?
그것은 바로 메모하는 태도입니다. 이제석은 언제 어디서든 시간이
나면 메모를 합니다. 아무 종이에나 닥치는 대로 적고 그려서 아이디
어를 기록해 둡니다. 그래서 그의 캐비닛 안에는 아직 세상에 내놓지
않은 아이디어가 가득 채워져 있다고 합니다.

그는 지구 모양으로 만든 양초가 녹아내리는 장면으로 지구가 대
기오염으로 죽어가고 있음을 나타냈고, 에베레스트 산을 통해 장애인
앞의 계단은 에베레스트 산과 같다는 의미를 전달했습니다. 생각을
뒤집어 보고, 판을 바꾸어 보고, 이미지를 연결해 보면서 이제석은 이
제 광고의 판까지 바꾸고 있습니다. 돈만 좇는 상업 광고에서 탈피해
하나밖에 없는 광고, 정직한 광고를 만들어 보고자 광고 연구소를 연
것이지요. 이제석의 창조적 아이디어가 어디서 생성되는지 그의 눈을
따라가 볼까요?

난 사람들이 좋아하는 것을 좋아한다. 크리에이티브 디렉터라면 반드시 그래야 한다. 내가 좋아하는 것을 다른 사람들도 좋아할까? 광고쟁이는 이런 걸 스스로 물어야 한다. 광고쟁이 자신의 취향이 너무 강하면 곤란하다. 그러면 통하지 않는다.

내가 좋아하는 건 총과 동물이다. 언젠가 내 작품 포트폴리오를 넘기다 보니까 그런 게 많이 등장했다. 왜냐고? 그런 건 묻지 마시라. 어린 시절 기억과 경험, 집안 내력을 따져가다 보면 이유가 드러나겠지만 그건 피곤한 일 아닌가. 누군가 왜 봄비를 좋아하세요? 칼국수가 왜 그렇게 좋은데? 따지고 들면 당신도 귀찮아질 거다. 총과 동물은 흔하디 흔한 소재다. 앞서 말했듯이 그런 것들은 수세기가 지나도 질리지 않는다.

반려 동물을 소재로 만든 작품 중 하나가 고양이용 다이어트 사료 광고다. 이 광고는 뉴욕에 있는 학교에 다닐 당시 과제물로 제작한 것이다. 크리에이티비티를 보여 주는 법, 일반적인 프린트 광고의 기본기를 이곳에서 익혔다. 과제를 수행하려면 잘 떨어지지 않는 순간접착제, 벌레 퇴치용 티셔츠처럼 듣도 보도 못한 소재로 광고를 만들어야 했다. 아이템 자체가 별나니까 어디서 비슷한 이미지를 찾으려야 찾을 수 없다. 교수는 이 점을 노린 것이다. 그래서 다들 맨땅에 헤딩하듯 이미지를 만들기 위해 몰입한다.

맨 처음 이 과제를 받아들고 황당했다. 사람 다이어트도 아니고 동물용 다이어트 사료라니? 어떻게 접근할까? 앞길이 꽉 막혔다. 살 빠지면 어떤 점이 좋을까, 살찌면 어떤 게 불편할까? 이런 것쯤은 누구 말마따나 꼬맹이도 생각할 수 있다. 그렇다면 원론적인 질문으로 돌아갈 수밖에 없다. 이 광고가 필요한 사람들은 누구일까? 그들은 어떤 이야기를 원할까?

반려 동물 주인은 세상에서 자신의 반려 동물이 가장 사랑스럽다고 생각한다. 그러니까 비싼 다이어트 사료를 먹이는 거다. 제 몸이 터질 것처럼 살이 쪄도 무신경하면서 말이다. ok. 어떤 이미지를 만들든 반려 동물의 사랑스러움은 묻어나게 하자. 이것으로 기본 방향은 정해진 셈이다. 어떻게? 사랑스럽게!

뉴욕 길거리나 가정에서 만나는 반려 동물은 디룩디룩 살찐 놈들이 많았다. 특히 고양이 중에는 너무 뚱뚱해서 떼굴떼굴 굴러가는 녀석들도 종종 보였다. 살이 접힌 부분마다 피부염이 생긴 놈도 보았다. 이런 비만 동물은 누가 봐도 혐오스럽다. 도저히 사랑스럽게 그릴 수 없는 거다.

그렇다면 기본 콘셉트를 과감히 바꾸자. '비만=고통'으로 가자. 그래야 남들과 달라진다. 그래야 튄다. 아닌 게 아니라 함께 공부한 학생 30명 대부분은 다이어트를 해서 날씬한 몸으로 주인과 행복하게 잘 놀고 있는 고양이를 그려 왔다.

잠정 결론은 '비만=고통'으로 잡았지만 문제는 이미지다. 비만과

고통이란 주제의 이미지로 어떻게 즐거움을 줄 수 있을까? 거꾸로 가기로 한 마당이라 나는 지독하게 살찐 모습에서 익살스러움을 찾을 수 있지 않을까 생각했다.

언젠가 인터넷 유머 사진 사이트에서도 지독하게 살찐 동물을 보고 킬킬댄 적이 있다. 한참 고민하며 뚱뚱한 고양이를 스케치하다 보니 픽 웃음이 나왔다. 고양이가 속이 꽉 찬 자루 모양이 돼 있었다. 그렇다면 뚱뚱한 고양이보다 훨씬 더 뚱뚱한 동물은 뭘까. 그러다 한정 없이 게을러 보이는 바다표범들을 찾았다. 그 이미지를 보고 있자니 자연스레 이 녀석들 사이에 뚱뚱한 고양이가 끼어 있는 장면이 떠올랐다. 인터넷에서 다운받은 바다표범 사진에 동료가 일전에 찍어 놓은 고양이 사진을 빌려 합성했다.

카피를 정할 때는 진통이 있었다. 나는 "내가 키우던 고양이를 잃어버렸어요."라는 콘셉트를 내밀었다. 고양이가 하마처럼 살쪄서 고양이를 잃었다. 그래서 고양이를 찾는다는 쪽지를 붙이자는 설정이었다. 하지만 다른 아트 디렉터가 너무 복잡하다며 말렸다. 지금 생각해도 저렇게 복잡하게 작품을 만들었나 싶어 부끄럽다.

그는 얼마 지나지 않아 간결하고 귀여운 카피를 뽑아 왔다.

"고양이가 고양이답게 생겨야지."

아름다운 고양이 모습 대신 지나치게 뚱뚱한 고양이를 보여 줌으로써 '이래서는 안 되지 않나? 다이어트 사료를 먹여라.'라는 메시지

를 던진 것이다. 무슨 평가가 나올까 두근두근거리는 심정으로 교수에게 작품 스케치를 건넸다. 그는 잘 웃지 않는 엄숙맨이다. 늘 그렇듯 인상을 빡 쓰면서 작품을 받아들었다. 2~3초가 지났을까. 그가 점잖지 못하게 낄낄댔다. 눈물까지 찔끔댔다.

그제야 휴우~ 안도의 한숨이 나왔다. 진지한 사람을, 엄격한 사람을 웃길 수 있는 광고는 누구에게나 통할 것이기 때문이다. 고양이용 다이어트 사료에 재미를 붙여 이 광고를 시리즈로 만들었다. 얼룩덜룩 무늬가 있는 뚱뚱한 달마시안이 젖소들 사이에서 풀을 뜯게 했고, 뚱뚱한 푸들은 양떼 사이에 숨어서 놀게 했다.

내가 좋아하는 것, 고양이를 바다표범처럼 과장하는 것, 사람을 웃게 만드는 것으로 나는 한 건 건져 올린 셈이다. 이게 내 크리에이티비티 전략이라면 전략이다.

이 시리즈를 보여 주면 열이면 열 모두 웃는다. 훗날 나는 내 작품을 보여 줄 포트폴리오를 만들 때 고양이용 다이어트 사료 작품을 맨 앞에다 넣었다. 기분 좋게 웃으면서 시작하게 할 것이다. 나는 이런 게 진정한 서비스 정신이라고 생각한다.

읽고 나서

1. 이제석이 '고양이용 다이어트 사료' 광고를 기획한 과정을 따라가 봅시다.

Step 1   광고가 필요한 사람들이 누군지, 그들이 어떤 이야기를 원하는지 생각함.

Step 2

Step 3

Step 4

2. 짝지어진 두 개의 문장에서 이제석의 창의적인 발상과 관련 있는 항목을 하나씩 골라 봅시다.

- 자기가 좋아하는 소재를 선택해야 좋은 작품을 만들 수 있다. (   )
- 다른 사람들이 좋아하는 것이 무엇인지를 먼저 생각한다. (   )

- 한순간에 찾아오는 번뜩이는 아이디어를 기다린다. (   )
- 생각에 생각을 거듭해 콘셉트를 하나씩 잡아 나간다. (   )

- 다른 사람들이 생각해 낼 수 있는 방식으로 접근한다. (   )
- 남들과 다른 방식의 표현법을 고민한다. (   )

- 자세한 설명을 통해 이해가 쉽도록 만든다. (   )
- 이미지를 통해 한번에 이해될 수 있도록 한다. (   )

3. 다음 보기와 같이 이제석은 미래를 위한 도전 앞에 놓인 장애물을 스스로 극복하며 목표를 이루어 갑니다. 여러분의 목표는 무엇이며 예측되는 장애물은 무엇인지, 그리고 그것을 어떻게 극복해 나갈 수 있을지 빈칸을 채워 봅시다.

〈이제석의 목표와 도전〉

• 목표: 뉴욕에 광고 공부를 하러 간다.
• 장애물: 영어를 잘하지 못한다.
• 도전·노력: 미군 부대에 그림을 가르쳐 주겠다는 전단지를 붙여 미국 사람들과 만나 대화하며 영어와 미국 문화를 익혔다.

〈나의 목표와 도전〉

• 목표:

• 예측되는 장애물:

• 도전·노력:

4. 이제석이 만든 광고 중에서 가장 인상적인 광고 하나를 선택해 광고에 담긴 창의적 아이디어는 어떤 것인지 말해 봅시다.

〈보기〉 오레오 쿠키 광고: 투명한 엘리베이터 벽면에 우유 컵을 인쇄해 붙여 놓고, 움직이는 엘리베이터에는 오레오 쿠키를 인쇄해 붙여 놓아, 엘리베이터가 움직일 때마다 오레오 쿠키가 우유 속에 잠겼다 나왔다 하는 장면이 연출되게 만들었다. 사람들이 이 광고를 보면 우유에 쿠키를 찍어 먹고 싶은 생각이 저절로 들게 된다. 사소한 것을 중요하게 생각하고, 광고를 보는 사람이 누구인가를 끊임없이 생각하기에 이런 광고를 만들 수 있었던 것 같다.

5. 이제석은 치아미백제 광고를 만들 때 천장의 전등을 이용해 밝게 빛나는 치아를 표현했습니다. 여러분이 광고 제작자라면 물건을 활용해 어떤 광고를 만들 수 있을지 아이디어를 생각해 봅시다.

• 광고할 제품 :
• 활용할 물건 :
• 광고 스케치 :

더 읽어 봐요

젊은 목수들 : 한국

프로파간다 편집부 지음 | 프로파간다

2012년 출간한 『젊은 목수들: 우리 시대의 새로운 가구 제작 스튜디오를 찾아서』의 개정 증보판이다. 기존 내용에 새롭게 등장한 가구 스튜디오 4곳을 추가로 취재하고, 목공 교육에 대한 관심을 반영해 우리나라의 대표적인 사립 목공 학교를 방문, 관련 정보를 수록했다. 14인의 젊은 목수들 이야기를 따라가다 보면 가구 만드는 일은 사람 사는 이야기라는 점을 알 수 있다. 또한 좋은 가구를 만들기 위한 팁을 얻을 수 있는 책이기에 읽어 보기를 권한다.

미대 나와서 무얼 할까

박정준 지음 | 안그라픽스

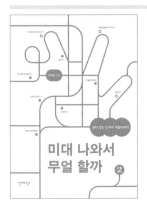

미대에 진학하고자 하는 수험생, 자녀를 미대에 보내고 싶은 학부모, 미대에 들어갔지만 졸업 후 진로가 고민되는 학부생, 진로 지도 상담을 담당하는 교육 관계자, 입시 미술 학원 관계자 등 다양한 사람에게 도움이 되는 책이다. '미대 졸업 이후의 진로'라는 현실적인 질문에 대한 대답을 통해 미대 진학을 꿈꾸는 입시생들과 미대 학생들에게 실질적인 직업 가이드를 제공한다. 그들이 꿈을 위해 어떻게 준비했고, 이루어 갔는가를 보여 준다.

여러분 혹시 〈신과 함께〉라는 웹툰을 보셨나요? 잊혀져 가는 우리나라 민속 신들을 살려 내 현대를 살아가는 사람들과 개성 있는 신들의 이야기를 재미와 감동으로 엮은 만화입니다. 판타지 문학에 등장하는 '신'이라고 하면 그리스·로마 신화에 나오는 신들을 떠올리기 쉬운데, 이 웹툰은 저승사자, 성주신, 조왕신, 측신, 철융신 등 우리 신화 속의 익살맞은 신들을 등장시킨 독특한 이야기로 많은 사람들의 사랑을 받았지요.

영화나 소설, 만화나 게임 등을 보면 어떻게 이런 기발한 생각을 해 냈을까 감탄할 때가 많죠? 풍부한 상상력만으로 전 세계 사람들을 사로잡을 수 있는 분야, 바로 문화 콘텐츠 분야의 직업에 대하여 알아보겠습니다.

먼저 만화와 관련된 직업에 대하여 알아볼까요? 만화라고 하면 예전에는 종이로 된 만화책만을 떠올렸지만 요즘은 웹툰을 먼저 떠올리는 친구들이 많을 것입니다. 시대가 바뀌고 매체가 급속도로 발전하다 보니 만화도 예전과는 다른 모습으로 또 다른 전성시대를 맞고 있지요.

모습이 변했다고는 해도 만화를 구성하는 기본 뼈대는 스토리, 그림, 출판입니다. **만화가**가 직접 스토리를 쓰는 경우도 있지만 별도로 **스토리전문작가**를 두는 경우도 적지 않습니다. 『20세기 소년』, 『맛의 달인』과 같은 일본 만화가 그런 경우입니다.

요즘에는 다양한 분야의 지식과 이야기를 쉽게 전달하기 위한 목적으로 '만화'를 이용하는 경우도 많아 **만화기획자**의 역할이 점점 커지고 있습니다. 또한 이전에는 만화 잡지가 출판의 중요한 통로였지만 점차 그 중심이 웹으로 옮겨져 요즘에는 웹툰과 웹툰을 게시하는 인터넷 포털이 만화 출판의 중심으로 떠오르고 있지요.

만화 출판과 관련된 직종 가운데 빼놓을 수 없는 중요한 직업이 **외국만화번역가**입니다. 유명한 일본 만화 『20세기 소년』, 『배가본드』 등을 번역한 서현아 씨는 본디 만화가 지망생이었습니다. 그러나 만화가로서의 성공이 어렵다는 것을 알고 나서 만화번역가의 길을 선택하게 되었다고 합니다. 그런가 하면 만화가 성인들도 즐기는 중요한 문화 장르로 자리 잡으면서 **만화평론가**라는 직업도 생겨났습니다. 이들은 각종 만화 관련 매체를 통해 좋은 만화에 대해 알리고, 만화 출판의 흐름을 읽어 내거나 비판하는 역할을 합니다.

평면적인 만화를 입체적으로 살아 움직이게 하고 싶은 욕구, 이를 현실화한 것이 애니메이션입니다. 애니메이션을 만드는 과정에는 어떤 직업들이 있을까요? 영화처럼 프리프로덕션, 프로덕션, 포스트프로덕션 과정이 있는데 프리프로덕션은 만화가 만들어지는 과정과 비슷합니다. 프로덕션에서는 본격적인 움직임을 만드는 일이 진행되는데, 이때 움직임을 표현하도록 그림을 그리는 사람을 **애니메이터**라고 합니다. 매우 많은 양의 그림이 필요하기 때문에 **동화맨**, **선화맨**, **채색맨**, **배경화가** 등으로 나누어 분업 방식으로 작업을 하지요. 3D의 경우, 자연스러운 동작의 연결을 찾아내는 **컴포지터**, **디지털3D애니메이터** 등이 결합해 작업한다니, 한 편의 애니메이션이 완성되는 데 정말 많은 사람이 필요하지요?

이번에는 게임 이야기를 해 봅시다. 청소년들이 게임을 좋아하고 즐기다 보니 게임과 관련한 직업에 대한 관심도 나날이 높아지고 있지요. 그런데 게임을 좋아하는 것과 게임을 만드는 것은 전혀 다르다는 것을 분명하게 알아야 합니다. 게임을 잘 만들기 위해서는 끊임없이 다양한 분야에 대한 지식과 문화적 소양을 쌓는 공부가 필수입니다. 게임과 같은 첨단 분야는 유행의 트렌드가 매우 급격하게 변화하기 때문이죠. 기술과 문화적 흐름의 변화에 대한 공부를 꾸준히 하지 않으면 금방 도태되기 쉽습니다.

그럼 이제 구체적으로 게임을 제작하는 과정에서 일하는 직업을 살펴보겠습니다. 영화감독처럼 제작 전체를 지휘하는 **디렉터**, 게임이 돌아가는 기술적인 시스템을 설계하는 **시스템디자이너**, 내용이나 디자인적인 측면을 담당하는 **레벨디자이너**가 있습니다. 게임을 제작하기 위해서는 치밀한 스토리가 필요한데, 이를 구성하는 **게임시나리오작가**, 실제로 게임이 시스템에서 돌아갈 수 있도록 구현하는 **프로그래머**, 게임의 외관을 만드는 **그래픽디자이너**, 효과적이고 멋진 사운드로 게임의 매력을 더해 주는 **게임사운드디자이너** 등이 제작 과정에 참여합니다. 제작된 게임을 운영하는 총 책임자인 **게임마스터**와 게임 사용자를 유치하는 **게임마케터** 등은 게임을 운영하면서 활약하는 사람들입니다. 게임 산업만이 가지고 있는 독특한 분야 중 '**게임QA**'라는 것이 있는데, 이는 제작된 게임을 테스트하여 게임의 품질을 검증하는 팀입니다.

게임을 하는 직업인 **프로게이머**에 관심을 갖는 친구들도 많죠? 프로게이머가 되기 위해서는 공인 게임 대회에서 연 2회 이상 입상한 후 소양 교육을 이수해야 합니다. 공인 게임 대회란 한국프로게이머협회에서 인증하는 대회로 입상 기준은 단일 대회일 경우 8위 이내, 리그 대회는 16위 이내에 들어야 해요. 하루 종일 게임만 하는 직업이 정말 쉬울 것 같지만, 어떤 일이든 전문가가 되려면 자기 자신과의 싸움을 견디고 이겨 내야 한다는 것을 잊지 마세요!

Q 성적이 좋지 않아요. 어른들은 좋은 성적을 받아야 나중에 직업 선택의 폭이 넓어진다고 일단 공부부터 하라고 하세요. 진로 탐색을 미루고 일단 성적을 올려 놓는 것이 더 중요할까요?

A 흔히들 우리나라 진로 교육의 목표는 명문 대학에 입학하는 것이라고 하죠. 많은 사람이 조금이라도 나은 대학에 가야 더 좋은 직업을 가질 수 있다고 생각합니다. 목표가 이렇게 설정되어 있으니, 그에 따른 로드맵도 '일단 성적을 올리자.'에 초점이 맞추어질 수밖에 없지요. 그런데 이 로드맵이 과연 얼마나 현실적인지 한번 생각해 볼까요?

현재 우리나라에서는 직업의 종류를 대략 15,000개 정도로 잡는다고 해요. 그중에서 우리가 원하는 직업은 약 20개 정도밖에 되지 않고요. 또 소위 'SKY'로 불리는 명문대 입학 정원은 11,000명이 조금 넘는 정도인데, 전국 중학교 3학년 학급 수는 19,000개가 넘어요. 이 수치를 단순 비교해 보면 학급에서 1등을 해도 SKY대 진입은 힘들다는 이야기예요. 즉, 성적과 점수를 높이기 위한 점수 따기식 공부만으론 명문대 진입이 매우 어렵다는 거죠.

또 무작정 공부만 열심히 해서 좋은 대학에 들어간다고 해도 또 다른 문제에 직면하게 됩니다. 단순히 점수에 맞춰 진학한 학생은 학과 공부가 자신에게 전혀 맞지 않을 때 뒤늦게 고민에 빠지게 되지요. 즉, 진학에는 성공했을지 몰라도 진로 선택에는 실패하는 거예요.

그런가 하면 자신의 적성과 흥미는 무시한 채 점수에만 집착한 나머지 나중에는 정말 내가 무엇을 좋아하는지조차 모르는 학생들도 있습니다. 이

학생들은 공부를 잘하기 때문에 남들이 좋다고 하는 학과와 직업에 더욱 흔들리기도 하지요. 이런 경우 진로의 기회는 넓어졌을지 몰라도 자신에게 알맞은 진로 선택의 폭은 오히려 좁아진 것 아닐까요?

당장 경쟁에서 이기는 것이 중요한 게 아니라, 긴 안목을 두고 자신의 적성에 맞는 직업을 찾는 것이 중요하답니다. 그러려면 인생의 성패가 대학입시 한 번으로 끝나는 것이 아니라는 여유로운 마음가짐을 가져야 해요. 실제로 인생의 여러 단계에서 우리는 발전할 수 있는 기회를 만나게 됩니다. 내게 기회는 여러 번 있다는 여유에서 자신감도 나오고, 새로운 일에 대한 도전 의식도 생긴다는 사실을 기억하세요.

사람이 언제 행복을 느끼는지에 대해 조사한 결과를 들은 적이 있는데, 두 가지 경우가 참 인상 깊었어요. 하나는 사람과의 관계가 원만하게 잘 이루어질 때이고, 다른 하나는 자신이 하고 싶은 일을 할 때 가장 행복을 느낀다는 말이었습니다.

여러분 역시 그렇지 않나요? 친한 친구와 사이가 틀어지면 밥맛도 없고 학교도 가기 싫어질 거예요. 반면 주위 사람들에게 인정받고 소통이 잘 이루어질 때는 즐겁고 신이 나고요. 또 하고 싶은 일을 눈치 볼 것 없이 마음껏 할 수 있을 때도 행복하지요.

여러분이 좋아하고, 하고 싶어 하는 일이 무엇인지 생각해 보세요. 그리고 공부는 여러 가지 적성 중 하나이고, 공부를 잘해야 하는 직업은 많은 직업 중 극소수에 불과하다는 것을 잊지 마세요.

손끝으로 행복을 전하는
마법의 가위손

† 미용사

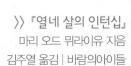

>> 『열네 살의 인턴십』
마리 오드 뮈라이유 지음
김주열 옮김 | 바람의아이들

학생들이 기업에서 일정 기간 동안 업무에 관해 체험하는 제도인 인턴십을 어디서 해야 할지 고민하는 루이에게 할머니는 미용실 체험을 권합니다. "손으로 하는 일도 나름대로 가치가 있어."라고 말하는 엄마의 말에 아빠는 "그래, 고생을 해 보면 공부가 얼마나 좋은 건지 깨닫게 되는 가치야 있지." 하고 말합니다. 할머니의 의견에 동조하는 엄마와 기가 막혀 하는 아빠의 태도 사이에서 루이는 사실 미용실 인턴십에 대해 큰 기대가 없었습니다. 그저 아무 데서나 인턴십을 마칠 수 있다면 상관없다는 생각 뿐이었지요.

외과 의사인 아빠는 고집이 세고, 미용 일은 루이가 할 수 있는 일이 아니라는 편견을 가지고 있습니다. 아빠는 루이에게 기대가 크지만, 공부에 관심이 없는 루이는 아빠에게 걱정투성이인 것이죠. 그런 루이가 미용실에서 인턴십을 한다고 했을 때 아빠는 반대하면서도 집안의 어른인 할머니가 추천하자 마지 못해 지켜봅니다.

그렇게 시작한 인턴십 생활에서 루이는 많은 사람을 만납니다. 교통사고로 자식과 남편을 잃고 두 다리를 잃은 마이테 원장, 힘겨운 삶을 살아가는 미용사 클라라와 보조 미용사 갸랑스, 그리고 밝고 명랑한 피피의 삶을 바라보면서 타인의 삶에 관심을 갖게 되고, 누가 시키지 않았음에도 어깨 너머로 머리 땋는 법을 익히며 자신과 엄마의 머리에 과감한 변화를 주기 시작합니다.

암 치료를 받고 있는 메니에 부인에게 가발을 다듬어 웃음을 줄 수 있는 공간, 결혼을 앞둔 신부와 시어머니의 이야기가 있는 공간, 다양한 사람들의 삶의 이야기가 모인 공간인 미용실에서 루이는 누가 시키지 않아도 가위질 연습을 합니다. 그리고 마이테 원장을 도우려고 전단지를 만들어 미용실을 홍보하기도 하고, 사람들의 시선을 끌기 위해 다갈색 가발을 쓴 마녀 마네킹으로 진열장을 장식하기도 하죠.

루이에게 숨어 있던 열정과 재능은 무엇이었을까요? 루이가 미용실 인턴십에서 찾아낸 것은 어떤 것일까요? 미용 일은 '손으로 하는 일, 여자가 하는 일, 공부를 하기 싫어하는 아이들이 하는 일'이라는 고정관념을 가지고 있는 아빠는 루이가 미용 일을 하는 것을 허락하지 않습니다. 루이는 자신의 꿈을 포기하지 않고 아빠에게 정면으로 맞서지요. '정말 하고 싶다.'는 루이의 간절함은, 분노로 인한 아빠의 폭력 앞에서도 결코 의지를 굽히지 않게 합니다.

엄마의 걱정, 할머니의 지지, 동생의 성원, 이 모든 것보다 더 중요한 것은 루이의 선택입니다. 루이의 인생에서 최선의 선택은 어떤 것일까요?

점심시간 조금 전에 출입문이 열리더니 이상한 모자를 쓴 젊은 여자가 들어왔다.

"어머나, 뭘 이렇게까지 나오셨어요. 메니에 부인! 클라라가 댁에 들러도 되는데." 여자를 알아본 원장이 말했다.

"와 보고 싶어서요." 마치 비쩍 마른 사내아이가 한껏 멋을 낸 듯한 모습의 손님이 대답했다.

"목요일이라 미용실이 한가할 것 같기도 하구요."

손님이 모자를 벗었을 때 루이는 악 하고 소리 지를 뻔했다. 머리카락이 한 올도 없는 민머리였다. 그제야 테오와 레아, 할머니 그리고 화학 성분의 약, 암, 그런 말들이 생각났다. 루이의 눈시울이 흐려졌다.

클라라는 메니에 부인에게 자리를 권하고 가발을 써 보게 했다. 두 사람은 진지하게 색깔과 손질법에 대해 얘기를 나누었다. 그때 피피가 끼어들었다.

"와, 저거, 정말 좋아요."

피피는 황갈색의 길고 탐스러운 웨이브 머리를 집어 들며 말했다. 그리고는 그걸 쓴 다음, 몽롱하게 취한 목소리로 연신 '정말 좋아요.' 라고 했다. 그러다 클라라의 선명한 분홍색 숄을 들고 몸에 둘렀다. 배꼽 잡는 패션쇼가 시작되었다. 피피는 가발을 계속 바꿔 쓰고 숄을 치마로, 사리로, 차도르로, 두건으로 바꿔 연출해 가며 패션쇼 해설자의 거만한 목소리로 일일이 해설을 달았다. 루이는 허리가 끊어지게 웃었다. 하지만 피피가 클라라의 루즈 갑을 열자 원장은 정신을 차리고 모두 제 위치로 돌아가도록 간단히 한마디 했다.

"자, 필립…….'

메니에 부인은 잘 포장된 가발을 들고 나가며 두 눈을 훔쳤다. 부인도 맘껏 웃었던 것이다.

오후가 되자, 클라라는 저녁에 나이트클럽에 갈 갸랑스에게 아프리카 식으로 머리를 땋아 주겠다고 했다. 루이는 등받이 없는 의자에 앉아 머리 땋는 것을 유심히 바라보았다. 그러다 허공에 대고 클라라의 손놀림을 따라 하기 시작했다.

"손님 오셨어. 클라라!" 마이테 원장이 불렀다.

미용사는 갸랑스를 두고 가 봐야 했다.

"어, 오래 걸려요?" 보조 미용사는 적잖이 당황했다.

일이 꼬이려니까 손님은 커트에 염색과 머리 손질까지 한다고 했다. 갸랑스는 반쯤 땋다 만 자신의 머리를 거울에 비추어 보았다.

"내가 뭐 같아?"

루이가 의자에서 내려섰다.

"나머지는 내가 해 줄까?

"네가? 누구 머릴 망칠 일 있어!"

순간 얼굴이 빨개졌지만 루이는 당황하지 않았다. 머리를 한 줄 잡은 다음, 조금 전에 본 대로 땋아 내려갔다. 10분 후, 피피가 놀란 얼굴로 다가왔다.

"그러니까 가만 있자, 혼자서 해낸 건데……. 원장님! 보셨어요?"

모두들 다가와서 칭찬을 아끼지 않았다. 루이는 학교 다니면서는 한 번도 그런 칭찬을 들어 본 적이 없었다.

"미용사가 되려면 어떤 공부를 해야 하나요?" 루이가 물었다.

"기술자격 과정을 해야지. 삼 년 걸려." 피피가 대답했다.

"중학교 마치고요?"

"응, 그다음에는 기술면허 과정이 있어. 이 년 더 하면 돼. 그거 있으면 미용실도 열 수 있고, 보조 미용사도 받을 수 있지. 그다음에 이 년 더 공부하면 전문가 자격증을 딸 수 있어. 그때부터는 미용 기술을 가르칠 수도 있어."

"학교에서 어떤 거 배우는지 보여 줄까?" 갸랑스가 끼어들었다.

조그만 배낭에서 갸랑스가 숙제가 적힌 꼬깃꼬깃한 종이를 꺼내자, 루이가 죽 훑어보았다.

30세가량의 여자 고객이 전체적으로 약하게 파마를 하되, 목덜미 쪽은 좀 세게 해 주길 원한다. 고객의 머리는 층을 낸 단발이고(길이는 최대 24) 탈색을 해서 밝은 톤이다.

1. 고객이 요구한 머리를 하려면 어떻게 하시겠습니까?
2. 이 경우에 파마용 컬클립은 어떤 역할을 합니까?

3. 알칼리성 파마에 쓰는 중화제를 선택하십시오.

읽어 내려가면서 루이의 눈이 휘둥그레졌다. 잘 모르겠다는 표정을 지으며 루이는 갸랑스에게 문제지(갸랑스의 점수는 20점 만점에 7점이었다.)를 돌려주었다.

* * *

루이가 입을 떼었다.

"그래, 뭐가?"

"여기가요."

"분위기가 좋다는 말이니?"

"아뇨. 그래요, 맞아요."

루이는 뭔가에 짓눌리듯 힘겹게 말을 이었다.

"아니, 그게 아니고…… 제 말은…… 미용 일이 좋아요. 미용 공부가 그리 쉬운 것 같지는 않지만요. 기술자격증을 따야 하고 그 뒤에는 기술면허도 따야 하고. 피피가 그랬어요."

루이는 말을 하면서 손가락 마디를 꺾어 두두둑 소리를 냈다. 할머니는 루이의 말을 들었지만 선뜻 받아들이기를 주저했다.

"네 말은 흥미를 느끼는 게…… 그래, 미용 일을 하고 싶다는 거지?"

"제가 잠깐 자리를 비켜 드릴게요."

클라라가 나직이 말했다. "차 한 잔 하시겠어요?"

할머니는 차를 달라고 했고 이어지는 침묵을 메우고자 헛기침을 했다. 루이는 고개를 떨구고 있었다. 루이를 도와야 했다. 말을 하도록 말이다.

"너도 알지만 난 말이야. 빵집에서 일할 때 더없이 행복했어."

루이가 갑자기 고개를 들었다.

"미용 일은 공부 못하는 애들이나 하는 거잖아요!"

"절대로 그렇지 않아, 루이. 그 일을 좋아하는 사람들이 하는 거야."

"손을 쓰는 일이잖아요."

"아니, '손을 쓰는 일', 그게 무슨 뜻이지?"

할머니가 흥분해서 화를 냈다.

"외과 의사도 손을 써서 일하는 사람이야. 조각가와 치과 의사는 무얼 가지고 일하지?"

루이는 손마디를 짓누르다 멈췄다.

"전 제 손을 써서 뭔가를 하고 싶어요."

루이는 거울에 비친 자신을 보고 씩 웃었다. 드디어 그 말을 한 것이다.

읽고 나서

1. 암 치료 후유증 때문에 머리가 빠지고 없는 메니에 부인을 미용실 사람들은 어떻게 대했나요? 이들의 태도에서 느껴지는 미용실의 분위기를 말해 봅시다.

2. 루이는 미용사가 되고 싶은 한편, 미용 일에 대한 사회적인 편견 때문에 주저하고 있습니다. 여러분이라면 루이의 다음과 같은 말에 어떤 조언을 할 수 있을지 생각해 봅시다.

- "미용 일은 손으로 하는 일이잖아요."
  : 손으로 하는 일은 정신적인 일, 가치 있는 일이 아니라는 생각을 하고 있군요.

_____

_____

- "미용 일은 공부에 뒤처진 아이들이 하는 거잖아요."
  : 학교에서 배우는 수학이나 영어만 공부라고 생각하고 있군요.

_____

_____

- "미용사들은 남자 미용사도 여자 같은 느낌이 들어요."
  : 남자 미용사의 상냥하고 친절한 태도가 여자처럼 느껴졌나 봐요.

_____

_____

3. 여러분이 장래에 무슨 일을 하든지 '자기 자신에 대한 믿음'이 바탕에 있어야만 일에서 보람을 찾을 수가 있습니다. 다음 항목에 대해 답을 한 후 점수를 합산해 봅시다.

• 매우 그렇다 : ○   • 약간 그렇다 : △   • 전혀 그렇지 않다 : ×

1. 지금의 나와 다른 사람이 되는 것을 원하지 않는다. ( )
2. 나는 가만히 생각해 보면 장점이 많은 사람이다. ( )
3. 나는 다른 사람에게 친절한 편이다. ( )
4. 수업 시간에 선생님이 나를 불러 주시면 기분이 좋다. ( )
5. 가족들이나 친구들에게 하고 싶은 말을 터놓고 이야기한다. ( )
6. 내게 잘못한 사람을 이해하고 용서하는 편이다. ( )
7. 나를 귀찮게 하는 사람은 별로 없다. ( )
8. 나는 다른 사람에게 호감을 주는 편이다. ( )
9. 종종 집을 나가고 싶을 때가 있다. ( )
10. 지금보다 나이가 더 어렸으면 좋겠다. ( )
11. 새로운 일에 적응하는 데 시간이 오래 걸린다. ( )
12. 친구들 앞에서 어떻게 하면 좋을지 몰라 당황하는 때가 많다. ( )
13. 무슨 일을 할 때 다른 사람의 눈치를 살핀다. ( )
14. 가끔 욕을 퍼붓고 싶을 때가 있다. ( )
15. 나의 미래를 생각하면 걱정이 많다. ( )
16. 나는 아무에게도 도움이 되지 않는다. ( )
17. 부모님은 나를 잘 이해해 주신다. ( )
18. 어려운 일을 당해도 이겨 내려 애쓰는 편이다. ( )
19. 다른 사람들과 어울리는 것을 좋아한다. ( )
20. 다른 사람에게 손가락질 받을 만한 일은 하지 않는다. ( )
21. 나 자신에 대해서 엄격하다. ( )
22. 내가 한 일에 대해 대체로 만족한다. ( )
23. 나는 결코 불행하지 않다. ( )
24. 어떤 결정을 내리는 데 어려움을 느끼지 않는 편이다. ( )

- 1~8번, 17~24번 : ○ 1점, △ 0점, × -1점
- 9~16번 : ○ -1점, △ 0점, × 1점

▶19점 이상 ⋯ 자아 존중감이 매우 높음
▶13~18점 ⋯ 자아 존중감이 높은 편
▶7~12점 ⋯ 자아 존중감이 낮은 편
▶6점 이하 ⋯ 자아 존중감이 많이 부족함

4. 여러분이 스타일리스트라면 다음의 소년 소녀에게 어떤 머리 모양과 옷을 코디할지 그려 봅시다.

5. 친구들과 직업 가치관 경매 게임을 해 봅시다. 각자가 모조 화폐 100만 원을 가지고 다음 표에 있는 직업 가치들을 경매에 붙여 판다고 했을 때 '나의 예산액'을 적어 보고, 최대 얼마까지 투자할 수 있는지 '나의 최고액'을 적어 봅시다. 또 친구들과 함께 5만 원 단위로 경매를 해서 가장 높은 금액을 제시한 친구가 해당 직업 가치관을 가져가도록 합시다.

직업 가치		우선 순위	배정 금액	최고 낙찰액과 가져간 사람
사회봉사	일을 통해 다른 사람들에게 도움이 될 수 있어야 한다.			
사회적 인정	남에게 인정을 받는 직업이어야 한다.			
보수	많은 월급을 받아야 한다.			
리더십 발휘	다른 사람들을 이끌면서 일을 해야 한다.			
발전성	새로운 것을 배우면서 스스로 성장할 수 있어야 한다.			
근무 여건	쾌적한 환경과 적당한 근무 시간이 갖추어져 있어야 한다.			
더불어 일함	마음이 맞는 사람들과 어울려 일할 수 있어야 한다.			
안정성	평생 동안 안정적으로 할 수 있는 일이어야 한다.			
다양성	단조롭게 반복되지 않고 다양한 변화가 있어야 한다.			
여가 활동	일 이외에도 여가 활동을 충분히 즐길 수 있어야 한다.			
흥미 적성	나의 흥미와 적성에 맞는 일이어야 한다.			
능력 발휘	능력을 발휘하여 성취감을 느낄 수 있는 일이어야 한다.			

코코 샤넬

앙리 지델 지음 | 이원희 옮김 | 작가정신

세계적인 향수 '샤넬 NO.5'로 패션 역사에 화려하게 기록된 코코 샤넬의 인생을 철저한 자료와 증언을 바탕으로 되살려 낸 책이다. 가브리엘 샤넬(코코 샤넬의 본명)은 일하는 여성의 복장에 혁명을 일으키며 패션계와 여성사에 커다란 획을 그었다. 화려한 이미지 뒤에 숨은 코코 샤넬의 인간적이고 개인적인 면모는 때로 외롭고 고통스럽기도 하지만, 그러한 삶 속에서도 일에 대한 열정을 불태운 디자이너의 모습을 만날 수 있을 것이다.

디자인 하지 않는 디자이너

나가오카 겐메이 지음 | 남진희 옮김 | 아트북스

일본의 디자이너 나가오카 겐메이가 'long life design' 철학을 다양한 방식으로 실현하며 느낀 감상을 담은 책이다. 그가 새롭게 만들어 낸 물건은 없다. 그러나 버려진 물건 중 디자인적으로 가치 있는 것들을 발굴해 숍을 운영하는 과정과 그 발상 자체가 또 다른 디자인 작업이라고 저자는 주장한다. 물건을 새롭게 만들어 내는 것이 아닌, 가치를 새롭게 발견해 내는 디자인인 셈이다. 디자이너의 창조력이 어디서 출발하는지, 사회적으로 어떤 영향을 끼치는지 생각해 볼 수 있는 책이다.

미용과 패션 분야는 유행에 민감하고 변화가 빠른 분야입니다. 전반적으로 성장에 성장을 거듭하고 있는 분야이기도 하지요.

미용과 관련된 직업을 잘 알기 위해서는 관련 자격증을 알아보는 것이 좋습니다. 미용과 관련된 국가 자격은 미용사, 미용장이 있어요. **일반미용사**는 헤어, 메이크업, 네일을 모두 시술할 수 있는 자격입니다. **피부미용사**는 미용 분야가 머리, 피부미용, 화장 등 분야별로 세분화되고 전문화되는 추세에 맞춰 신설된 자격으로 피부미용만을 전문으로 하는 직업입니다. **미용장**은 미용사 자격을 취득하고 7년이 지난 뒤 미용에 관한 최상급 숙련 기능을 가진 사람이 취득하는 자격으로 미용과 관련된 인력을 지도할 수 있지요. 민간 자격으로는 **메이크업**, **네일아트**, **특수분장사** 등과 같은 자격증이 있습니다. 현재는 미용실, 네일샵 등을 개업하려면 미용사(일반) 자격증을 취득해야 합니다.

피부미용 분야에서는 피부과 병원, 피부 미용실뿐 아니라 해외 리조트 등에까지 취업할 수 있는 기회가 많습니다. **피부관리사**와 **간호조무사** 등의 자격을 함께 갖추면 취업의 기회도 많고 급여에서도 우대를 받을 수 있지요.

우리나라에는 전국에 200여 곳이 넘는 뷰티 관련 대학교, 전문대학, 고등학교, 고등기술학교가 있고 뷰티 아카데미 등과 같은 사교육 기관도 많아 매년 수만 명의 인력을 배출하고 있습니다. 따라서 직접 뷰티 서비스를 하지 않더라도 미용 관련 교육자가 되는 길도 있답니다.

미용사 이외에도 흔히 **헬스트레이너**라 불리는 **체형관리사**, 두피나 모발을 집중적으로 관리하는 **두피모발관리사(트리콜로지스트)** 등의 직업도 유망한 직업으로 부상하고 있습니다.

이번에는 패션과 관련한 직업을 알아볼까요? 패션과 관련된 직업으로는 **패션디자이너, 패션코디네이터, 스타일리스트, 패션모델, 머천다이저(MD), 카테고리매니저(CM)** 등이 있습니다. 패션디자이너는 옷뿐 아니라 모자, 액세서리, 가방, 신발 등 다양한 패션 아이템들을 디자인합니다. 또, 새로운 직물을 고안하거나 패션에 사용될 패턴을 디자인하기도 하지요.

패션코디네이터나 스타일리스트는 패션쇼나 방송 등에서 의상, 액세서리, 메이크업, 헤어스타일 등의 모든 것을 고려해 패션을 종합적으로 구성하는 컨설턴트를 말합니다. 인터넷 쇼핑몰에는 상품을 기획하고 구매하는 머천다이저가 있습니다. 이와 비슷한 성격의 카테고리매니저는 누구나 자유롭게 상품을 팔 수 있는 이마켓플레이스 혹은 오픈마켓이라고 불리는 인터넷 공간에서 활동합니다. 미용이나 패션과 관련한 직업이 정말 많지요? 관심이 가는 분야가 있다면 다양한 진로를 염두에 두고 좀 더 조사해 보세요.

Q 저는 어릴 때부터 뮤지컬배우를 꿈꿔 왔습니다. 꼭 뮤지컬배우가 아니더라도 음악 관련 진로를 생각하며 성장했어요. 엄마, 아빠께서 뮤지컬 분야에서 일하고 계셔서 자연스럽게 음악 관련 환경에 익숙해진 것 같아요. 그런데 고모를 따라서 패션쇼에 다녀온 이후 저도 모르게 공책에 의상 스케치를 하고 있는 시간이 많아졌어요. 뮤지컬배우의 꿈을 모두 버리지는 않았지만 의상디자이너 쪽에 자꾸 관심이 가요. 예체능은 진로를 빨리 결정해야 성공한다는데, 어떻게 해야 하나요?

A 뮤지컬배우, 의상디자이너 두 가지 진로를 놓고 고민하고 있군요. 음악적 흥미와 재능은 부모님의 영향이 큰 듯하네요. 의상디자이너라는 진로는 체험을 통해서 학생이 푹 빠져 있는 분야인 것 같고요. 하나는 음악 분야고 다른 하나는 미술 분야라서 학생이 좀 혼란스러워하는 것 같지만, 그건 고민거리라기보다는 어찌 보면 다행스러운 일입니다. 어떤 것도 하고 싶은 일이 없다고 호소하는 친구들도 적지 않거든요. 그러니 진로를 하루라도 빨리 결정해야 한다는 조바심에서 벗어나도 괜찮습니다.

　음악적 재능과 흥미는 어린 시절부터 다져진 것이니 새로운 관심 분야가 생겼다고 해서 그것을 미리 포기할 필요는 없다고 생각합니다. 단, 예전에 음악 분야 하나만을 생각하며 진로를 탐색해 나갔다면, 지금은 의상디자이너라는 또 다른 진로 하나를 탐색한다고 생각해 보세요. 왠지 더 부자가 된 것 같지 않나요? 중학생 시기는 다양한 진로를 탐색하는 시기이지 당장 한 가지 진로를 결정해야만 하는 시기가 아니랍니다.

　음악 분야 체험은 비교적 많이 한 것 같으니, 지금부터는 의상디자인 분야를 적극적으로 탐색해 보세요. 의상디자이너가 지녀야 할 자질이나 역량, 직업 세계에 대해서도 구체적으로 알아보고요. 그리고 그 분야 직업인을 만나서 인터뷰를 해 보는 것도 좋은 방법입니다. 특히, 미술 분야의 재능이 있는지도 자문을 받아 보세요. 아무리 재미있어 보이는 일이라도 재능이 없다면 얼마 안 가 흥미가 사라질 수 있거든요.

학생에게 소개하고 싶은 사람이 있습니다. 바로 유명한 파티플래너인 캐빈 리입니다. 재미교포인 그는 한국에서 플룻을 전공했습니다. 그 후 미국으로 이민 가서 꽃집 아르바이트를 하면서 자신이 색채 감각 및 공간지각 능력이 남다르다는 사실을 알게 되었지요. 이후 꽃꽂이 대회에 나가 상을 타게 되었고 그를 시작으로 아카데미 시상식 등 각종 대회의 무대장치를 만들었으며, 드디어 미국에서 가장 유명한 파티플래너가 되었답니다. 특히 캐빈 리의 파티는 음악과 색채의 조화로움으로 유명합니다. 그야말로 요즘 사회의 여러 분야에서 화두가 되는 융합의 성공 사례라고 할 수 있죠. 두 가지 재능을 다 가지고 있다면, 다양한 가능성이 열려 있다는 것을 잊지 마시고 여러 가지 탐색 활동을 전개해 보시기 바랍니다.

마음을 치유하는
노래의 힘

가수

>> 『길거리 가수 새미』
찰스 키핑 지음
서애경 옮김 | 사계절

길거리 가수 새미

길거리에서 노래를 부르는 새미는 스트리트 싱어입니다. 즉, 길거리 가수죠. 혼자 춤추고 노래하면서 지하도를 오가는 인정 많은 사람들에게 동전을 얻어 살고 있습니다.

그런 새미가 이 길거리를 떠난 적이 있었어요. 빅 찬스 서커스단이 도시에 들어왔을 때였습니다. 단장인 이보르 찬스는 지하도의 새미를 발견하고 성공할 수 있다는 달콤한 말로 새미의 마음을 흔들었어요. 결국 새미는 서커스단에 들어가 노래하고 춤추며 인기 가수가 될 꿈을 키웠지요. 그러나 이보르의 속셈은 다른 데 있었습니다. 새미를 우스꽝스럽게 꾸며 관객의 어릿광대로 만들려는 것이었지요. 바지가 벗겨지고 갈고리에 매달려 무대 위로 곤두박질칠 때 새미는 자기의 꿈도 산산조각 나는 것을 느꼈습니다.

그러던 어느 날 빅눕이라는 흥행꾼이 서커스를 구경하러 왔다가 새미를 발견했어요. 가수는 웃음을 사려고 바지를 벗는 것이 아니라고 속삭이며, '진짜 가수'로 만들어 주겠다고 약속했지요. 새미는 다시 '새미 스트리트 싱어'라는 이름이 네온 빛으로 번쩍이며 인기를 얻을 날을 꿈꿨습니다. 그래서 '꿈의 궁전'에서 노래를 부르게 되었답니다.

번쩍이는 옷을 입고 기타를 둘러메고, 야한 춤을 추는 아가씨와 노래를 했지요. 커다란 앰프 소리에 노래가 들리지 않는데도 관객들은 열광했어요. 어마어마하게 큰 스타디움에서 노래를 할 때도 관객들은 소리를 질러 대며 열광했습니다. 신문에는 그를 칭찬하는 기사가 쏟아져 나왔지만, 새미는 카메라 앞에서 녹음한 노랫소리에 맞춰 입만 움직이는 바보상자에 갇힌 가수가 되고 말았지요.

새미는 부자가 되고 커다란 집에서 살게 되었지만 오가는 사람이 없는 곳에서 혼자 지내게 되었습니다. 그러다 새미의 비디오테이프가 시들해질 무렵 신문에는 새미를 비웃는 기사가 등장하고, 새로운 얼굴이 대중 앞에 나타납니다. 가요계의 최고가 바뀌게 된 것이죠. 애칭마저 빼앗기고 사람들에게 잊혀져 가는 것이 두려워진 새미는 전 재산을 팔아 엄청난 스펙터클 영화를 만듭니다.

결과는 어떻게 되었을까요? 포스터만 남겨 놓은 채 영화는 흥행에 실패하고, 새미는 사람들에게 잊히고 맙니다. 새미는 혼자 속상해하며 자신의 모습을 돌아봅니다. 그리고 처량한 모습이지만 옛 친구들은 자기를 계속 지켜보고 있다는 것을 깨닫게 되지요. 돌아갈 곳이 있다는 것도 알게 됩니다. 그곳은 많이 변하지 않았어요. 여러분이 이 지하도를 지날 때 어쩌면 새미가 노래를 부르고 있을지도 모르겠네요. 새미와 함께 춤추고 노래하며 기쁨과 행복을 맛보러 가 볼까요?

  그런데 빅놉이라는 흥행꾼이 그날 밤 서커스를 구경하러 왔습니다. 빅놉은 서커스가 끝난 뒤에 새미를 찾아와서 속삭였지요. "웃음을 사려고 바지 벗는 짓이나 하고 살 거야? 실속을 차려야지. 나한테 맡겨 봐. 너를 진짜 가수로 만들어 줄 테니." 새미는 울먹였어요. "그렇게 해 주세요. 꼭이요, 선생님." 새미는 또다시 인기를 얻고 부자가 될 꿈을 품었습니다. 새미 스트리트 싱어라는 이름이 네온 빛으로 번쩍일 날을 꿈꾸었습니다.

＊ ＊ ＊

  하지만 시간이 흐를수록 관객들을 가까이에서 느낄 수 없게 되었 지요. 어마어마한 스타디움 공연에서 새미는 모래알처럼 작은 존재였 고, 새미의 귀에는 어둠 속에서 관객들이 질러 대는 소리밖에 들리지 않았습니다. 관객들은 전혀 새미의 노래를 듣지 않는 듯했습니다.

＊ ＊ ＊

  비 오는 날, 새미는 공원에 앉아 제 처지를 속상해하고 있었습니다. 그때 문득 옛 친구들이 자기를 물끄러미 지켜보고 있는 것을 깨달았지 요. 순간 머릿속에 번뜩 스쳐 가는 생각이 있었습니다. 새미 스트리트 싱어는, 변함없이 혼자서도 노래하고 춤출 수 있는, 길거리 가수라는 사실을 말입니다.

***

　이제 다시 날마다 새미를 만날 수 있게 되었습니다. 새미는 옛 친구
들과 함께, 혼잡한 찻길 아래 지하도를 오가는 사람들의 삶에 작은 기
쁨과 즐거움을 안겨 주고 있습니다. 진짜 가수란 바로 이런 것이지요.
만약 여러분도 이 지하도에서 새미를 만난다면 동전 한 닢 주고, 새미
와 함께 춤추고 노래해 보세요.

읽고 나서

1. 새미는 가수입니다. 새미가 노래 부르는 무대가 달라지면서 새미의 꿈과 성공, 행복도 달라졌지요. 새미가 노래를 불렀던 무대를 중심으로 새미가 느꼈던 감정을 표현해 보세요.

• 서커스 무대 : _____

_____

• 스타디움 : _____

_____

• 길거리 : _____

_____

2. 새미가 생각하는 '진짜 가수'는 어떤 사람인가요? 여러분이 생각하는 진짜 가수에 대해서도 말해 보세요.

• 새미가 말하는 진짜 가수란?

• 내가 생각하는 진짜 가수란?

3. 내가 가지고 있는 예술적 성향은 어느 정도일까요? 다음 항목에 답을 한 뒤 점수를 합산해 봅시다.

• 매우 그렇다 : 3점 　• 어느 정도 그렇다 : 2점
• 약간 그렇다 : 1점 　• 전혀 아니다 : 0점

악기 다루는 법을 쉽게 익히고 연주를 좋아한다. (　)
이야기를 만들어 내서 남들에게 들려주는 것을 좋아한다. (　)
아름다운 것을 보면 남보다 더 쉽게 감동한다. (　)
연주회나 전시회에 가는 것을 좋아한다. (　)
패션 감각이 뛰어나다는 소리를 자주 듣는다. (　)
새로운 사람, 새로운 물건에 대한 호기심이 많다. (　)
다른 사람들이 하는 대로 따라 하는 것을 싫어한다. (　)
남들이 잘 발견하지 못하는 것을 발견할 때가 많다. (　)
알 수 없는 세계를 탐험하는 상상을 하면 마음이 설렌다. (　)
돈을 모으거나 성적을 올리는 등의 현실적인 문제에 크게 관심이 없다. (　)
좋아하는 일에 몰두하느라 밥 먹고 잠자는 것도 잊을 때가 있다. (　)
감정이 풍부하다. (　) 주어진 틀에 얽매이는 것을 싫어한다. (　)
빈 종이만 있으면 그림을 그린다. (　) 혼자서 공상하는 것을 즐긴다. (　)

▶30점~45점 … '당신은 예술가' 형
　상상력과 감수성이 풍부하며 개성이 강하고 독창적인 당신은 예술가가 될 소
　질이 충분합니다!

▶15점~30점 … '예술을 즐겨라' 형
　예술적 감성과 합리적인 이성이 조화를 이루고 있습니다. 당신은 예술을 즐기
　면서 생활을 윤택하게 만들 수 있을 것입니다!

4. 다음은 어느 초등학생이 가수를 꿈꾸며 인터넷에 올린 질문입니다. 여러분은 가수가 되려면 어떤 준비가 필요하다고 생각하나요? 여러분의 생각을 바탕으로 질문을 던진 학생에게 적절한 조언을 해 봅시다.

안녕하세요? 아이돌이 너무너무 되고 싶은 초등학교 6학년 학생입니다. 전 춤을 잘 못 추고요, 노래는 어느 정도 하는 편입니다. 가창력이란 말은 잘 몰라요. 그런데 가장 문제점은 제 얼굴에 점이 있는 거예요. 이 점을 빼야 하겠죠? 제가 드리는 질문을 읽고 답을 해 주세요.

1. 오디션을 보러 갈 건데 몇 살이 적절할까요?

2. 부모님은 제가 아이돌이 되는 것에 대해 상관을 안 하시는데 정말 아이돌이 될 수 있을까요?

3. 만약 아이돌이 된다면 학교는 어떻게 해야 하나요?

4. 연예인이 되기 위해 성형수술을 꼭 해야 하나요?

5. 키는 어느 정도 되어야 하나요?

6. 몸무게는 어느 정도여야 하나요?

7. 공부는 잘해야 하나요?

희망을 노래한 밥 말리

안주영 지음 | 리젬

노래를 부르는 사람은 자신의 목소리를 통해 사람들을 위로하기도 하고, 기쁨을 주기도 한다. 자메이카 가수 밥 말리는 자신의 레게 음악에 고통받는 흑인들의 삶을 담았다. 특히, 노예로 끌려와 도시 빈민층을 이룬 당시 자메이카의 흑인들에게 영혼을 불어넣고자 노력했다. 그것이 노래가 가진 의무이자 노래만이 가난한 자메이카의 무기라고 굳게 믿었기 때문이다. 이 책을 통해 예술 속에 담긴 '혼'의 의미가 무엇인지를 생각해 볼 수 있을 것이다.

울기엔 좀 애매한

최규석 지음 | 사계절

이름만 멋진 자타 공인 불가촉 루저 강원빈, 좋은 대학에 붙고도 재수생이 된 류은수, 독설가 같지만 알고 보면 속 깊은 정태섭 선생님을 중심으로 입시 미술 학원 만화반에서 벌어지는 일들을 보여 준다. 슬프지만 '울기엔 좀 애매한' 상황을 통해 대한민국 청소년들이 처한 현실을 날카롭게 그려 낸 작품이다. 애매함을 극복하기 위해 필요한 것은 무엇일까 고민하는 청소년들이 읽어 볼 만하다.

우연히 듣게 된 노래에서 그 어떤 사람에게서도 받지 못한 위안을 느껴 본 적이 있나요? 신이 나면 신 나는 대로, 우울할 때는 우울한 대로 나의 마음을 잘 알아주는 음악이 있어 세상이 참 살 만한 곳이구나 느껴질 때도 있었을 거예요. 감수성이 풍부해지는 사춘기를 지나면서 많은 청소년이 가수를 꿈꿉니다. 음악을 좋아하는 청소년이 가장 쉽게 알게 되는 직업이 **가수**이고, 스타가 되면 인기와 돈을 한꺼번에 얻게 되니 정말 멋지죠. 그런데 음악과 관련한 직업에 가수만 있는 것은 아닙니다. 음악을 만드는 직업, 연주하는 직업, 음악을 이용해 다른 것들과 접목하는 직업 등 아주 다양하지요.

음악을 만드는 것과 관련된 직업에는 **작곡가, 작사가, 음반프로듀서(음반기획자), 음향엔지니어(음향기사)** 등이 있습니다. 음악을 연주하고 노래를 부르는 직업에는 **악기연주자**와 **국악인**이나 **성악가**가 있지요. 대중음악 분야에서는 가수, **보컬트레이너**, 연주하는 데 필요한 악기 즉 기타, 드럼, 베이스, 건반 등을 연주하는 **세션맨**이 있습니다.

음악과 다른 분야를 접목하는 분야는 아주 다양합니다. 대표적인 직업으로는 음악과 공연이나 영상을 접목하는 **음악감독**이 있습니다. 음악감독은 각 장면에 필요한 음악을 선정하거나 작곡하는 일을 담당합니다. 그밖에도 **디스크자키, 음악치료사, 게임음악가** 등이 있고 악기와 관련해서는 **조율사, 악기판매자, 악기수리원, 악기품질시험원** 등의 직업을 들 수 있겠네요.

음악과 관련해 가장 유망한 분야는 K-POP의 세계적인 유행과 더불어 빠르게 성장하고 있는 **뮤직비지니스** 분야입니다. 공연과 페스티벌 기획, 레이블 운영 및 자체 제작, 뮤지션의 매니지먼트까지 전문성을 요구하는 일들이 많이 있습니다. 음악을 잘 알고 좋아하면서도 경영과 관련된 전문성과 마인드를 함께 융합할 수 있는 능력이 필요하지요.

이제 미술과 관련된 직업을 알아볼까요? 미술과 관련된 직업은 매우 방대한데, 크게 예술적인 측면과 산업적인 측면으로 나누어 살펴보겠습니다. 미술을 예술적인 측면에서 다루는 가장 대표적인 직업은 화가이겠죠? 대학 교육을 받지 않고도 **화가(조각가, 도예가)**가 될 수 있지만, 보통은 실기 능력을 준비해 미술대학에 입학합니다. 미술대학을 졸업하고 나면, 화가뿐 아니라 전시를 기획하는 **큐레이터** 등이 될 수 있습니다. 미술을 산업적인 측면에서 다루는 가장 대표적인 직업은 **디자이너**입니다. 대학에 개설된 관련 학과를 중심으로 다양한 디자인의 분야를 살펴볼까요?

시각디자인은 메시지의 시각적 표현을 목적으로 하는 모든 디자인을 총칭합니다. 그만큼 다양한 영역을 포함하고 있습니다. **광고디자이너, 디스플레이어, 북디자이너, 영상그래픽디자이너, 웹디자이너, 일러스트레이터, 캐릭터디자이너** 등 다양한 비주얼 분야에서 활동할 수 있지요.

산업디자인은 우리가 생활에 사용하는 모든 제품을 편리하면서도 아름답게 만드는 디자인을 말합니다. 자동차, 팬시 · 완구, 캐릭터, 가구, 조명 등 **다양한 제품 및 장비를 디자인**하지요. 실내디자인은 건축에 의해 만들어진 공간을 적절히 활용해 꾸미고 배치하는 디자인입니다. **가구디자이너** 혹은 **인테리어디자이너**가 되거나 **무대 및 세트디자이너**가 되기도 합니다.

일상생활에 필요한 물건의 본래 기능을 살리면서도 아름답게 꾸미는 공예는 재료적 특성에 따라 금속, 도자, 섬유, 목재 등으로 나뉩니다. 기본적으로 만들 제품의 특징을 스케치하는 능력이 필요하겠죠? 뿐만 아니라 재료의 특성을 잘 살려 아름다움을 만들어 내는 손재주와 아이디어가 있어야 합니다. **가구 제작이나 귀금속 디자인, 금속 도장, 목공예사, 석공예사** 등의 직업을 가질 수 있습니다.

예술과 관련된 분야에서는 표현에 필요한 기능을 갖추고 나면 표현할 내용을 생각해 내는 것이 가장 중요한 일입니다. 자신의 생각과 가치관, 그것을 잘 표현하는 메시지, 메시지를 전달하기 위한 아이디어가 중요하지요. 음악이나 미술과 관련된 직업을 희망하는 청소년 가운데 서둘러 기능을 갖추고 싶은 욕심에 학교 공부를 소홀히 하는 경우가 많습니다. 그러나 기능을 다 갖췄는데 그 기능으로 표현할 '내용'이 없다면 더 이상 기능은 쓸모가 없겠지요?

다양한 장르의 예술 작품을 접하고 감상하는 것 외에 생각할 수 있는 힘을 키우기 위한 '독서' 역시 매우 중요합니다. 혹시 음악과 미술 등의 분야에서는 독서가 별로 필요 없으리라 생각했나요? 독서는 모든 상상과 창조의 어머니입니다. 예술 분야의 대가들은 입을 모아 '삼다(三多)'가 중요하다고 말합니다. 많이 생각하고, 많이 써 보거나 만들어 보고, 많이 읽으라고 조언하지요. 장기적으로 볼 때 훌륭한 예술 작품을 만들기 위해서는 많이 읽고 생각하며 내공을 쌓는 일이 중요하답니다.

Q 저는 댄서나 댄스트레이너가 꿈인 중학교 1학년 학생이에요. 초등학교 3학년 때부터 지금까지 한번도 그 꿈이 변한 적이 없어요. 고등학교도 서울공연예고나 한림예고 실용무용과 진학을 생각 중이고, 현재 댄스 학원에서 힙합과 스트릿댄스 수업을 받고 있어요. 그런데 댄서가 되려면 전문 학원이나 기획사에 들어가야 한다는데 비용이 만만치 않아서 고민이에요. 가정 형편이 어렵거든요. 그냥 댄서라는 제 꿈을 포기해야 하나요? 어찌해야 할까요?

A 댄서, 댄스트레이너라는 꿈을 가진 멋진 친구군요. 중학교 1학년인데도 벌써 구체적으로 미래를 준비하기 위해 적극적으로 행동하는 모습이 대견하네요.

어떤 일을 할 때 경제적인 부분을 무시할 수는 없지요. 과거에는 아는 선배나 친구들을 통해 춤을 배우거나 독학으로 연습하는 경우가 많았어요. 하지만 요즘은 전문대학을 중심으로 실용무용과, 실용댄스과, 방송무용과, 재즈댄스과, 스포츠댄스과 등의 학과가 개설되었는가 하면, 댄스 아카데미 등 사설 학원도 많아 전문적으로 춤을 배울 수 있는 길이 생겼습니다. 이런 경우 비용이 많이 들겠지요?

그렇지만 엔터테인먼트 산업의 성장에 따라 이 분야에서 일하기를 원하는 청소년이 많아지면서 방과후 동아리 활동이나, 지역 청소년 수련 시설, 자치구별 진로직업지원센터에서도 관련 프로그램을 운영하기 때문에 의지만 있다면 적은 비용으로도 얼마든지 배울 수 있습니다. 경제적 문제 때문에 꿈을 포기하지는 않아도 된다는 얘기지요.

댄서가 되는 길은 보통 기획사나 방송사 공개 오디션을 통해 선발되는 경우 등이 있는데, 춤 실력 못지않게 일에 대한 의욕, 인내심 그리고 끈기 등이 중요한 요소로 평가된다고 해요. 그렇게 힘든 데 비해 평균 연봉은 1,800만 원 정도로 낮은 편이라 경제적으로 어려움을 겪을 수도 있습니다. 다른 어떤 직종보다 예술 관련 직업은 경제적 편차가 심하게 나는 직종이에요. 뛰어난 소수의 몇 사람이 전체 시장을 다 차지하거든요. 어느 분야보다 경쟁이 심한 직종이라는 것을 말씀드리고 싶네요. 이 모든 것을 알고도 하고 싶은 의지가 확실하다면 경제적인 이유 때문에 꿈을 포기하지는 마세요.

다만, 현재 중학교 1학년인데 너무 성급하게 자신의 미래를 판단하는 것은 아닌가 하는 생각도 듭니다. 진로를 빨리 결정해야 한다는 마음에 조급해하거나, 나에게 잘 맞는 직업이 한 가지만 있다고 생각할 필요는 없다는 거죠. 중학생 시기는 진로 탐색의 시기라고 말하잖아요? 내가 무엇을 좋아하고 잘하는지 구체적이고 객관적으로 이해하고, 다양한 직업에 대해 탐색하거나 해당 직업인을 만나 인터뷰를 해 보는 등 여러 가지 체험을 해 보면서 관심 분야를 한두 개로 좁혀 나가는 시기라는 이야기지요.

이제 중학교 1학년이니 마음의 여유를 가지고 탐색 활동을 해 보길 권유합니다. 그리고 확신이 선다면 그 길을 향해 꾸준히 준비해 나가면 되겠죠?

아이들과
함께 걷는 삶

교사

>> 『불량소년의 꿈』
요시이에 히로유키 지음
남도현 옮김 | 양철북

여러분은 혹시 선생님의 학창 시절이 어땠을지 상상해 본 적이 있나요? 공부 잘하고 성실한 모범생의 모습을 떠올리는 친구들이 많을지도 모르겠습니다. 그런데 이 책의 저자이자 주인공의 실제 모델이기도 한 요시이에 선생님의 학창 시절은 조금 달랐습니다. 지금부터 요시이에 선생님의 학창 시절을 들여다볼까요?

'나'는 불량소년이었습니다. 나에게 가족이 없었던 것은 아닙니다. 부모님도 계셨고, 누나도 있었습니다. 하지만 아버지가 재혼을 하면서 엇나가기 시작한 나는 집에서뿐만 아니라 학교에서도 점점 불량학생이 되어 갔습니다. 싸우는 일이 잦아졌고, 담배를 입에 대기 시작했으며, 폭주족이 되었습니다. 그러던 어느 날, 나는 학생으로서 넘지 말아야 할 선을 넘고 맙니다. 선생님에게 폭력을 행사한 것입니다. 그 일로 진로 변경 처분을 받은 나는 중앙아동상담소에서 교육을 받게 되었는데, 다행히 그곳에서 알게 된 소네카와 씨의 도움으로 얼마 후 다시 호쿠세이 고등학교로 편입하게 됩니다. 그리고 그 학교에서 아다치 선생님과 운명적인 만남을 갖습니다.

그 후 대학에 간 나는 어둠 속에서 필사적으로 빛을 찾아 헤매는 마음으로 학업과 아르바이트를 병행하며 열심히 생활합니다. 그러나 빛에 거의 다가갔다고 생각할 무렵 오토바이 사고로 위, 장, 췌장, 간장, 신장 등이 파열되는 중상을 입고 생사를 넘나들게 됩니다. 그 소식

을 듣고 아다치 선생님이 병원으로 찾아옵니다.

선생님은 내 손을 꼭 잡고 눈물을 흘리며 "요시이 군, 죽으면 안돼. 너는 내 희망이야."라고 말씀하시며 고통스러운 치료 과정 내내 내 곁을 지켜 주었습니다. 극심한 통증으로 의식을 잃었다가 다시 통증 때문에 눈을 뜨면, 그 자리에는 계속해서 나를 간호하는 아다치 선생님이 계셨습니다. 그 후 내 상태는 빠르게 좋아졌고, 사고가 난 지 3개월 만에 절대 안정과 통원 치료를 조건으로 퇴원을 허락받습니다. 모두들 이런 내 모습을 두고 '기적'이라 말했지요. 사고 때문에 학교 시험을 보지 못해 유급할 수밖에 없었지만, 덕분에 교직 과정을 이수할 시간을 갖게 되었습니다.

교직 과정을 이수하면서 나는 모교의 선생님이 되어 아다치 토시코 선생님이 걸었던 길을 학생들과 더불어 가겠다고 마음먹습니다. 모교에 부임하여 나처럼 '불량 인생'이라고 낙인 찍힌 학생들을 위해 살아가리라 다짐하면서요.

어떤가요? 요시이에 히로유키 선생님의 삶은 너무나 드라마틱해서 어쩌면 굉장히 특별하게 느껴질지도 모르겠습니다. 하지만 교사에게 가장 필요한 덕목은 무엇보다 학생을 사랑하는 마음, 인격을 가진 존재로서 학생을 존중하는 태도, 학생에게서도 배울 수 있다는 열린 자세 아닐까요? 요시이에 선생님에게 아다치 선생님이 그런 존재가 되어 주었던 것처럼요.

나는 선생이란 존재를 혐오했다. 문제를 정당화하거나 바꿔치기하
는 것에만 능숙한 어른들의 표본이라고 생각했기 때문이다.

그동안 많은 선생들을 만나 왔다. 나에게 그들은 말 그대로 '선생
을 하기 위해 태어난' 사람들일 뿐이었다. 내게 '선생을 하기 위해 태
어난' 사람이란 의미 없이 거만하게 구는 인간을 가리키는 말이다.

이런 의미의 선생들은 많이 만났지만 유쾌하지 않았던 기억뿐이
고, 그때까지 배움의 길로 인도한 '교사'와 만났던 기억은 전혀 없다.
때문에, 그런 존재는 단지 우상이라고 생각했다.

그러나 나는 이 호쿠세이 고등학교에서 마음으로부터 '교사'라고
부를 수 있을 만한 사람과 만났다. 그 사람은 바로 나의 담임이었던 아
다치 선생이었다.

지금까지 만났던 선생들은 늘 부드러운 변화구로 내게 접근해 왔
다. 그리고 내 마음에 파고든 순간 자기 정당화와 말 바꾸기의 화신이
되었다. 나는 그런 태도가 몹시 불쾌했다.

아다치 토시코 선생은 전혀 달랐다. 아다치 선생은 직구 외에는 던
지지 않았다. '아닌 것은 아니고, 좋은 것은 좋다.'는 정공법으로 상대
방의 눈치를 보지 않고 당당하게 말하는 사람이었다. 그러나 그 직구
는 꽤나 어리숭한 것이었다. 그런 이유 때문에 내가 그 구질을 확실하
게 믿기까지는 꽤나 시간이 걸려야만 했다.

나는 문제아로 분류되고 있었기 때문에 학교란 장소에서 그동안

한 번도 '청소'를 해 본 적이 없었다. 그리고 그런 내 자신을 마치 특권 계급이라도 되는 것처럼 생각했다.

　호쿠세이 고등학교에도 당연히 방과 후 청소 당번이 있었다. 어느 날 내가 앉은 줄이 청소 당번이 되었다. 나는 아무런 주저 없이 기숙사로 돌아왔다. 나에게는 그런 행동이 너무나 자연스런 것이었다. 허둥지둥 기숙사에 돌아와서, 참고 있던 담배를 피워 물고 담배 연기를 깊이 들이마셨다. 행복한 순간이었다.

　그때 기숙사에 아다치 선생이 등장했다. 그 얼굴에서 박력 같은 것을 찾아볼 수는 없었지만, 화가 난 것은 분명했다. 자세히 살펴보니 작은 코가 실룩거리고 있었다.

　내 방에 들어와 선생은 화를 냈다.

　"요시이에 군, 그냥 돌아간 이유가 뭐야? 너, 오늘 청소 당번이잖아?"

　"나 말고도 당번은 있잖아요. 그 친구들이 하면 될 텐데. 난 청소 같은 거 안 해요."

　나는 건성으로 대했다.

　선생은 내 눈을 똑바로 응시했다.

　"그런 문제가 아니야. 이 학교에서는 모두 역할을 공유하고 있어. 그게 규칙이지. 이해하겠니? 다른 친구들은 모두 청소를 하고 있어. 도 망친 너도 청소를 해야만 해."

　"당신이 월급을 받는 학교니까, 당신이 청소를 하는 게 당연하죠.

왜 내가 청소를 해야만 하나요?"

나는 다소 초조해하며 말했다.

"그게 아니야. 우리 학교가 가장 중요하게 생각하는 것은……."

초등학생도 아닌데 청소 안 하고 도망친 것 가지고 일부러 기숙사 까지 와서 설교를 하다니 지긋지긋했다.

그런 정도로 화낼 거면 내일 학교에서 화내고, 내가 지금 쉬고 있는 시간을 엉망으로 만들지 말았으면 좋겠다고 생각했다.

"알겠어요. 다음부터 할게요."

빨리 돌아갔으면 하는 마음으로 말했다.

"다음부터가 아니야. 청소 당번은 오늘이라고."

선생은 계속해서 물고 늘어졌다.

"……(그 속을 모를 줄 알고)."

나는 아무 말도 하지 않고 무시했다.

"듣고 있어? 요시이에 군!"

"……(빨리 돌아가 버려)."

"잘 들어, 요시이에 군!"

"……(난 절대로 안 해)."

두 사람은 침묵했다. 5분, 10분, 15분, 20분, 30분. 선생은 돌아갈 생각도 하지 않고 얼굴을 붉힌 채 내 얼굴을 바라보고 있었다.

곤혹스러웠다. 이런 기분 잡치는 상태로 계속 갈 바에야 학교에 돌아가 청소를 하는 편이 좋을 것 같았다.

"알았어요. 청소하면 되잖아. 하지 뭐, 그럼 당신도 만족하겠지!"

나는 내뱉듯이 말했다.

그 순간, 선생의 얼굴 표정은 점점 부드럽게 변했다. 그리고는 "이해했구나, 고맙다."라고 말했다.

고맙다고? 청소를 안 하고 도망친 내가 고맙다는 말을 듣다니? 청소한다는 말을 했을 뿐인데, 갑자기 태도도 바뀌고, 정말 알 수 없는 인간이었다. 보통은 "당연하지!"라든가 "뭐야, 그 말버릇은!" 하고 권위를 세울 텐데.

묘한 기분으로 선생의 차를 타고 교실로 향했다. 밖은 슬슬 어두워지기 시작했다.

빈 교실은 왠지 평소보다 넓게 느껴졌다. 저녁 빛이 어스름한 2학년 C반. 담임과 나 이렇게 두 사람만의 청소가 시작됐다.

선생은 청소에 굉장히 까다로웠다. 마룻바닥의 나뭇결 사이에 먼지가 남지 않도록 하라던가 책상의 위치는 여기가 아니면 안 된다던가, 하는 각양각색의 주문을 했다.

"예, 알았다고요. 하면 되잖아요, 하면."

나는 투덜거리며, 말한 대로 했다.

두 사람은 교실 청소를 하면서 이런저런 이야기를 했다. 나는 선생이란 존재를 싫어하며, 이곳 외에는 갈 곳이 없어서 왔으며 부모에게 버림받았다는 사실도 말했다.

선생은 그때마다 부드러운 말투로 "응, 응." 하며, 청소를 멈추고는 내 눈을 보고 고개를 끄덕거렸다.

나는 기숙사로 빨리 돌아가기 위해 부지런히 청소를 했다. 그럼에도 뭔가 조금은 아다치 선생을 이해한 듯한 기분이 들었던 것이 지금도 기억난다.

나는 그날 이후 수업은 자주 빼먹었지만, 청소 당번만큼은 빼먹지 않았다. 그리고 그날부터 얼어붙은 마음도 조금씩 녹기 시작했다.

* * *

1학기가 끝나 가던 7월 어느 날, 나는 미처 완성하지 못한 제출용 과제 노트를 학교에 두고 온 것 같아서, 교실로 찾으러 갔다. 귀찮았지만, 보충수업을 받는 것보다는 나았다.

'청소하던 그때가 생각나네.' 나는 예전의 일이 떠올랐고, 그래서인지 웃음이 나왔다. 현관에 들어서서 어둑한 복도를 걷는데, 유독 2학년 C반 교실에만 불이 켜져 있었다. 무슨 일일까 궁금해서 교실을 엿보았다. 그곳에는 푸른색 작업복을 입은 아다치 선생이 있었다.

아다치 선생은 내가 마루에 뱉어 놓은 껌을 칼로 떼 내고, 물수건으로 책상을 닦고 있었다.

나는 잠시 그런 모습을 바라보았다.

"선생님, 정말 청소를 좋아하시네요? 오늘 청소 당번들이 청소했는데."

나는 선생에게 말을 걸었다.

내 말에 놀란 선생은 얼굴을 들었다. 이마에 땀이 맺혀 있었다.

"나는 이 학교가 개교할 때 당시 교장 선생님의 말씀에 감동을 받고 학교에 온 거야. 이곳의 학생과 학교는 나에겐 보물이지. 그래서 이렇게 낡은 건물이라도 정성껏 가꾸는 거야."

꾸밈도, 쑥스러워하는 기색도 없이 선생은 분명히 그렇게 말했다.

그때 나는 감동했다. 확실히 '이 사람은 진짜'라는 생각이 들었다.

몇 년 전, 처음으로 오토바이를 샀을 때, 나는 너무나 기뻐서 매일같이 연료 탱크를 닦곤 했다. 갑자기 그 시절의 내 모습이 떠올랐다.

'아다치 선생님, 정말 좋다.'고 생각했지만 말은 하지 않은 채, 기쁜 마음으로 기숙사로 돌아왔다.

나는 태어나서 처음으로 '교사'와 만난 것이다.

읽고 나서

1. '나'는 여러 사건을 계기로 아다치 선생님을 진짜 교사로 받아들입니다. '나'가 아다치 선생님을 다르게 바라보게 된 계기를 찾아 그때 '나'의 마음과 연결해 봅시다.

<table>
<tr><th>계기</th><th>감정 변화</th></tr>
<tr><td>'나'가 청소를 하겠다고 말하자 아다치 선생님이 "이해했구나, 고맙다."라고 말함.</td><td>선생님이 권위를 세우지 않아 묘한 기분이 들었다.</td></tr>
<tr><td></td><td></td></tr>
<tr><td></td><td></td></tr>
</table>

2. 만약 아다치 선생님과 같은 교사가 여러분의 담임 선생님이라면 어떤 점이 좋고 어떤 점이 나쁠지 생각해 봅시다.

• 좋은 점 :

• 나쁜 점 :

3. 교사의 지위와 역할은 시대에 따라 달라져 왔습니다. 과거와 현재의 교사 모습을 통해 미래의 교사와 학생 관계를 상상해 봅시다.

	교사의 모습	교사와 학생의 관계
과거	'스승의 그림자도 밟지 말라.'고 할 만큼 교사의 권위가 높음.	상하 주종 관계
현재		
미래		

4. 다음은 한 설문 조사에서 학생들이 선생님을 존경하는 이유로 뽑힌 답변들입니다. 여러분이 가장 중요하게 생각하는 순서대로 번호를 매겨 봅시다.

• 수업을 알차게 진행해 주셔서 · · · · · · · · · · · · · · · · · ( )

• 잘 챙겨 주시는 따뜻한 마음이 느껴져서 · · · · · · · · · · · · ( )

• 재미있는 농담으로 편안하고 즐거운 분위기를 만들어 주셔서 · · · · ( )

• 학생들의 이야기를 많이 들어 주시고 이해해 주셔서 · · · · · · · · ( )

• 적성과 꿈을 찾을 수 있도록 도와주셔서 · · · · · · · · · · · ( )

• 자기 관리를 잘하시고 학생들에게 모범이 되는 생활을 하셔서 · · · ( )

5. 여러분이 지금까지 만난 선생님들을 기억해 봅시다. 가장 기억에 남는 선생님은 어떤 분인가요? 그 선생님이 기억에 남는 이유는 무엇인가요?

기억에 남는 선생님	
기억에 남는 이유는?	

6. 여러분이 만약 교사라면 어떤 분야의 선생님이 되고 싶습니까? 그리고 그 이유는 무엇입니까?

〈보기〉 요리 선생님 : 내가 개발한 요리를 학생들에게 가르치고, 또 학생들과 같이 새로운 요리도 개발하는 일은 너무 신 나는 일일 것 같다.

더 읽어 봐요

학교 참 좋다 선생님 참 좋다

박선미 지음 | 보리

스무 해 넘게 초등학교에서 아이들을 가르친 저자가 3년간 1학년을 맡았던 경험을 풀어낸, 알콩달콩한 교실 이야기다. 학교생활이 처음인 1학년은 온통 모르는 것 투성이다. 성격도 특징도 모두 다른 아이들과 하루를 보내다 보면 베테랑 선생님도 정신이 쏙 빠진다. 하지만 저자는 아이들 편에 서서 마음을 보듬어 주려는 자세를 잊지 않는다. 마음속 가득 이야기를 담고 있는 아이들과 함께 겪어 나가는 매일매일의 교실 풍경은 예비 교사에게 좋은 길잡이가 될 것이다.

가르친다는 것

윌리엄 에어스 지음 | 홍한별 옮김 | 양철북

교실이 무너졌다는 말이 진부하게 느껴지는 시대다. 하지만 여전히 학교는 건재하고 가르침은 멈추지 않는다. 경쟁과 효율만을 강조하는 교육에 맞서 교실을 살리기 위해 애쓰는 교사들이 있기 때문이다. 이 책에는 교실을 살리는 철학과 윤리, 번뜩이는 방법이 담겨 있다. 교사인 저자는 죽어 가는 교육을 살리기 위한 노력의 현장에서 무엇을 해야 하는지 현실의 물음에 답한다. 교사를 꿈꾸는 청소년이라면 교사로서 느끼는 삶의 의미, 그 고민과 희망 역시 생생하게 느낄 수 있을 것이다.

누군가를 가르치는 직업의 세계로 들어가 볼까요? 학교 들어가기 전의 유아들을 가르치는 유치원 선생님 이야기부터 해 봅시다. 전문대 이상의 대학에서 유아교육을 전공하고 자격증을 취득해야 **유치원교사**가 될 수 있습니다. 유치원교사는 어린아이들을 진짜 좋아하는 사람만이 할 수 있는 직업이겠지요?

다음으로 **초등학교교사**와 **중고등학교교사**가 있습니다. 초등학교 교사가 되려면 교육대학을 졸업하거나 일반대 초등교육과를 졸업한 후 국가에서 치르는 시험에 합격해야 합니다. 국어교육과, 수학교육과 등 대학의 사범 계열 학과를 졸업해 2급 정교사 자격증을 취득하면 중·고등학교 교사가 될 수 있습니다. 단, 국공립 중·고등학교의 교사가 되려면 교원 임용 고시를 통과해야 한답니다. 대학생들을 가르치는 **대학교수**가 되려면 전공에 대한 해박한 지식을 갖추어야 합니다. 대부분 박사 학위를 취득하는 경우가 많아요. 또 연구 논문을 학회지에 계속 발표하는 등 전공과 관련된 학업 활동을 많이 전개해야 합니다.

신체적, 정신적 장애를 가진 학생들을 교육하는 **특수교육교사**도 있답니다. 특수교육교사는 주로 청각 장애, 시각 장애, 정신지체, 지체 부자유 학생들에게 교육과 생활에 필요한 지식과 기능을 가르치는 직업입니다.

요즘은 취업하려고 하는 사람들에게 기술을 가르치는 **직업훈련원**이나 **직업교육학교**가 많아졌답니다. 이곳에도 다양한 기술을 가르치는 선생님들이 많이 계십니다. 바리스타 과정이나 요리를 비롯해 정보, 컴퓨터, IT, 항공 정비까지 그 분야도 굉장히 폭넓습니다. 이런 교육기관의 선생님들은 학생들이 기술을 배운 후 바로 일터에 취업할 수 있게 하기 위해서 실기 위주의 교육을 합니다.

학교와 학원에만 가르치는 직업이 있는 건 아니랍니다. 산과 숲에도 선생님이 계신다는 사실을 알고 있나요? 바로 **숲해설가**입니다. 주로 공원이나 숲에서 나무와 꽃 그리고 풀에 대해 안내하는 역할을 하는데, 그 외에도 자연 관찰, 숲 속 체험, 산림 레크리에이션 등의 활동도 진행한답니다. 민간단체나 대학 등에서 숲 해설가 과정을 이수한 후 활동할 수 있답니다.

문화재해설가라는 직업도 있습니다. 문화재해설가는 우리의 문화와 역사, 관광자원에 대한 해박한 지식과 소양을 갖추어야 하며, 관련 자료를 수집하고 연구하는 노력을 계속적으로 이어 가야 합니다. 자격 시험을 치룬 후 합격하면 바로 지방자치단체 소속의 **문화관광해설사**로 활동할 수 있답니다.

선생님 질문 있어요 !?

Q 어떤 직업을 가져야 할지 아직 결정하지 못했어요. 제 친구는 초등학교 때부터 자신의 꿈을 정했다는데 전 중2인데도 아직 꿈을 정하지 못했어요. 부모님도 그렇고 주변에서는 꿈이 뭐냐고 묻는데, 어떤 직업을 가지면 좋을지 아직 결정을 못 내리고 있어요. 자꾸 불안한 마음이 들어요. 하루라도 빨리 진로를 구체적으로 결정해서 미래를 준비하는 것이 좋을까요?

A 입학사정관제도가 우리나라에 도입되면서 초등학교 시기부터 자신의 진로를 정해서 해당 분야 관련 스펙을 만들어 나가는 경향이 심화되고 있어요. 예를 들어 방송프로듀서를 꿈꾸는 학생은 봉사활동 하나를 하더라도 그것과 연계된 분야가 없을까 고민하지요. 그러나 원래 입학사정관제도의 취지는 성적 위주의 획일적인 선발 방법을 벗어나 학생이 가지고 있는 잠재적 능력을 평가하는 것입니다.

여러분 나이 때는 TV 드라마를 보다가 멋진 주인공이 호텔리어로 나오면 '와, 저 직업 참 멋지다.', '나도 저렇게 되고 싶다.' 하고 생각하는 경우가 많죠. 또 다른 드라마에서 빵을 굽는 파티쉐를 보면 금세 꿈이 바뀌어 파티쉐가 된 자신을 상상하기도 하고요.

하지만 겉으로 보이는 직업의 이미지와 실제 그 일을 하면서 느끼는 것에는 상당한 차이가 있을 수 있습니다. 그래서 여기저기 관심을 가지고 그 분야에 대한 자료를 찾아보고 정보를 수집하는 과정에서 내가 좋아하는 것이 무엇인지, 하고 싶은 일은 어떤 것들인지 조금씩 범위를 좁혀 가는 것이 좋답니다.

그런데 자신의 직업을 일찍부터 정해 놓고 그 직업을 향해서 직진만 한다면 어떻게 될까요? 생각과 다른 상황이 생겨 낭패를 보게 될 수도 있지 않을까요? 흔한 경우는 아니지만 내가 원하는 직업이 없어질 수도 있거든요. 하나의 진로는 목표가 확실하다는 점에서는 장점이지만 보다 넓은 시각을 갖게 하는 데는 걸림돌이 될 수 있어요. 진로는 얼마든지 바뀔 수 있는 것이거든요. 그리고 앞으로 수십 년을 더 살아갈 여러분의 진로가 15, 16세에 결정되어 버린다면 인생이 너무 재미없지 않을까요?

청소년기는 모든 것이 불분명하고 불확실해서 고민이 되는 시기라지만 그만큼 미래에 대한 무한한 가능성이 열려 있는 시기이기도 합니다. 내가 가고자 하는 길이 어떤 길인지 여기저기 기웃거리며 어슬렁거리다가 힘들면 중간에 잠시 고민을 내려놓고 쉬기도 하세요.

그렇게 시행착오를 거치다 보면, 내가 걸어가야 할 길이 어디인지 보이기 시작할 거예요. 그리고 그 길이 확실하다고 생각되면 그때 구체적 로드맵을 적어 실천해 나가도 늦지 않습니다. 진로는 빨리 정하는 것이 중요한 게 아니라, 제대로 정하는 게 중요하다는 것을 꼭 기억하세요.

고통과 치유의 행복을
함께 나눈다

간호사

>> 『미스터 나이팅게일』
문광기 지음 | 김영사

"제 직업은 간호사입니다."라고 당당하게 소개하는 문광기 씨는 유명한 대기업의 사원이었습니다. 그가 높은 보수를 받는 대기업을 그만둔 이유는 자신이 맡은 일을 수행하기가 어려웠기 때문이 아닙니다. 그는 대기업 사원으로 살아가는 삶이 자신의 꿈과는 거리가 멀다는 것을 깨달았기 때문에 남들이 부러워하는 직장을 과감하게 버렸습니다. 남들이 원하는 삶이 아닌 자신의 삶을 살고자 했던 것이지요.

그렇지만 새로운 선택이 쉬웠던 것은 아닙니다. 다른 이들이 쉽게 가지 않는 길을 가고자 할 때면 가까운 사람들이 염려하는 마음에 반대를 하기도 합니다. 문광기 씨의 부모님 역시 그러했습니다. 이름만 들으면 알 만한 대기업에 다니던 아들을 자랑스러워하셨던 부모님은 전혀 다른 직종의 일을 시작하려는 그를 크게 걱정하셨지요. 또 다니던 직장을 그만두고 다시 학교에 다니며 간호사 일을 준비하는 과정에서 뜻을 달리한 약혼자와 이별을 하기도 했습니다. 그러나 이러한 반대와 갈등에도 불구하고, 문광기 씨는 자신이 원하는 삶을 찾아 상식의 벽에 도전했습니다.

간호사는 다양한 사람을 만나는 직업입니다. 그중에서도 다치거나 아픈 사람의 치료를 돕는 직업이지요. 그런데 간호사가 마주하는 것은 육체적 상처뿐만이 아닙니다. 간호사는 아픈 사람들의 아픈 마음 역시 대면해야 합니다. 그런 면에서 본다면 간호사는 주사를 놓거나 상처를 치료하는 능력뿐 아니라, 아픈 사람들의 마음에 공감할 수 있는 능력을 가지고 있어야 하겠지요. 또한 간호사는 때로 생사를 넘나드는 환자의 곁을 지키거나, 돌보던 환자가 죽음을 맞이하는 순간을 지켜보기도 합니다. 한 사람의 의료인으로서, 또한 그 환자를 가까이서 지켜보던 사람으로서 그러한 과정을 감당하는 것 역시 간호사의 몫입니다. 쉽지는 않겠지요? 하지만 돌보던 환자가 건강을 되찾는 모습을 보면 그만큼 보람도 큰 직업일 테고요.

이 책은 평범한 삶을 살던 한 남성이 흔히들 '여성의 일'이라 생각하는 간호사를 직업으로 선택하기까지의 과정을 보여 줍니다. 그리고 사회적 편견을 넘어 남성 간호사로 일하면서 겪는 다양한 사례와 그 속에서 느끼는 고통과 보람, 눈물과 웃음의 의미를 생생하게 전하고 있습니다. 특히, 단순히 병원에서 일하는 것이 어떤 것인가를 넘어 이상과 현실 사이에서 고민하던 한 사람이 후회 없는 삶을 위해 어떤 선택을 하는지, 또 그 선택의 결과를 자신의 몫으로 받아들이고 어떻게 자신의 길을 개척하는지를 볼 수 있습니다. 이제 함께 문광기 씨의 이야기를 살펴볼까요?

책 속으로 >> 『미스터 나이팅게일』

일을 관두고 간호대학에 들어갔을 때 나는 일본 드라마 〈너스맨이 간다〉에 등장하는 주인공처럼 일은 서툴지만 정 많고 돌봄을 잘하는 간호사를 상상했었다. 그러나 병원의 현실은 그리 녹록지 않았다. 드라마에서는 주인공이 따뜻한 표정으로 투병 중인 환자를 간호하면서 감동스러운 장면을 만들지만 현실은 그렇게 단순하고 극적인 과정이 아니다.

밥도 제대로 먹지 못하고 8시간 가까이 병실을 오가며 서 있다 보면 머릿속에 남는 건 따뜻하고 싹싹한 '너스맨'의 모습이 아니라 그저 앉아 있고 싶다는 생각뿐이다. 물론 실력과 임상 경험을 쌓으려면 힘든 과정을 거쳐야 하지만, 남자 간호사가 되기 위해서는 드라마 주인공처럼 되고 싶다는 유치한 바람, 그 이상의 확신과 의지가 필요하다. 실습을 하면서 여러 과를 돌았지만 좀처럼 마음을 잡을 수 없었다. 내과에서는 늙고 병들어 가는 육체를 지켜보기가 너무 힘들었다. 신경정신과에서는 환자들의 비정상적인 심리 상태에 압도당하기 일쑤였고, 산부인과는 여자 환자들의 차가운 시선에 눈을 마주칠 수가 없었다.

나를 다시 설레게 해 준 건 희준이라는 다섯 살짜리 꼬마 아이였다. 희준이는 소아백혈병에 걸려 치료를 받았다. 실습 과제로 백혈병 병동 어린이와 놀아 주기 위한 풍선 마술을 한 적이 있는데, 그 이후 나는 아이들에게 '마술 삼촌'이라고 불렸다. 성인도 감당하기 힘든 병을 앓고 있는 어린아이였는데도 불구하고, 병원에서 너무나 많은 백혈병 환자를 만났던 나는 희준이를 그저 항암 치료를 받고 퇴원할 '507호실의 어떤 소아 환지'라고 생각했을 뿐이었다. 그리고 난 가끔씩 혀 짧은 소리로 아이들 말투를 흉내 내며 풍선 마술로 같이 놀아 주는 정도의 실습생이었다.

항암 치료 과정 중에는 '요추천자'라는 시술이 있다. 말 그대로 척추 사이의 틈을 바늘로 뚫어 중추신경계에 항암제를 주입하는 시술이다. 주치의가 와서 시술을 할 때면, 실습생은 울면서 몸부림치는 아이를 같이 붙잡아 주는 것밖에 할 수 있는 것이 없었다.

요추천자를 하기 위해 병실에 가 보니 희준이는 선잠이 든 채 이리저리 뒤척이고 있었다. 곧 자기가 받을 시술을 예감하듯 수면제를 먹였는데도 아직 충분히 잠이 들지 않은 모양이었다. 주치의는 아이와 엄마의 얼굴은 잠시 잊고, 해부학적 구조에 집중하며 머뭇거림 없이 과감히 시술을 시작했다. 하지만 두 번이나 시도했지만 실패하고 말았다. 희준이의 등은 바늘 자국으로 퉁퉁 부어 버렸다. 항암제를 투여하기 위해서는 세 번째 시도가 이뤄져야 하는 상황이었다. 희준이는 잠에서 깨어 자지러지는 목소리로 울부짖었다.

"하지 마세요. 살려 주세요, 엄마!"

희준이의 엄마는 한 발짝 뒤에서 눈물을 글썽이며 말했다.

"희준아, 조금만 참아. 금방 끝날 거야."

희준이는 엄마가 이 시술을 그만두게 하지 못한다는 것을 알았는지 대상을 바꿔서 울부짖었다.

"마술 삼촌, 하지 마세요. 제발 살려 주세요!"

시술하는 중에 움직이면 정확한 위치에 천자를 할 수 없기 때문에 절규하는 아이의 눈을 마주하면서도 움직이지 못하게 잡고 있어야 했다. 희준이는 계속 울면서 몸부림쳤고, 그런 상황에 나도 모르게 눈물이 맺혔다. 다섯 살 희준이가 감당하기에는 너무나 큰 고통이었다. 마치 시한부 환자의 절규처럼, 산전수전 다 겪은 듯한 희준의 울부짖음이었다.

결국 다른 레지던트가 손을 바꾸면서 세 번째 시도로 요추천자를 끝낼 수 있었다. 희준은 시술이 끝난 뒤에도 뭐가 그렇게 서러운지 계속 울먹였다. 엄마의 품에 안기는 것마저 거부할 만큼 다들 미웠던 모양이었다. 나는 어른들도 힘들어하는 시술을 잘 참아 준 희준이가 대견해 보였다.

"우리 희준이 많이 아팠지? 너무 잘 참아 줘서 삼촌이 풍선 마술로 사탕 만들어 줄게."

그러나 희준이는 세상만사가 다 싫다는 듯 고개를 돌려 버렸다. 그렇게 그날 모두가 희준이를 가만히 옆에서만 지켜봐야 했다. 다음 날 회진이 끝난 뒤 희준이를 볼 면목이 없었다. 살려 달라고 그렇게 외쳤지만 못 움직이게 꽉 잡고 있었던 마술 삼촌이 아니었던가. 병실로 찾아갔더니 희준이는 나를 보자마자 과자 봉지를 든 채 놀란 사슴처럼 엄마 뒤로 숨어 버렸다. 평소 같았으면 인사만 하고 병실을 나왔겠지만, 찔리는 깃이 있던 나는 애써 친한 척을 했다.

"희준아, 삼촌 과자 하나만."

희준이가 나를 말똥말똥 쳐다봤다. 어제 기억을 더듬어 울어 버릴 줄 알았는데, 의외로 살짝 미소를 짓는가 싶더니 조심스럽게 입을 열었다.

"마술 삼촌, 이거……. 마술 보여 주세요."

희준이가 과자 하나를 건네주며 마술을 보여 달라고 한다. 다정다감하지도 못한 데다가 서툴기까지 한 실습생 삼촌을 향해 희준이가 내민 손은 아무런 경계심이 없었다. 어른이 보면 정말 허술한 마술이지만 항상 가지고 다니는 롤리팝을 마술로 희준이에게 건네주었다.

"삼촌, 한 번만 더."

그때 몇 달 만에 내 가슴은 다시 두근거리기 시작했다. 어린 환자 아이였지만 소통이라는 게 이렇게 짜릿하다는 사실을 그동안 잊고 있었다. 그때부터 희준이는 병동에서 나를 볼 때마다 "삼촌!" 하고 외치며 달려와 안겼다. 한번 안기면 품에서 벗어나지 않으려 했다. 물론 아동간호학 실습이 끝나 희준이의 영원한 마술 삼촌이 될 수는 없었다. 하지만 실습이 끝나도 가끔씩 희준이가 있는 병동에 들러 몇 달에 걸친 항암 치료를 무사히 마치고 퇴원하는 것까지 지켜볼 수 있었다.

읽고 나서

1. 본문을 읽고 사건의 흐름의 따라 '나'의 희망과 절망을 표시한 감정 그래프를 그려 봅시다.

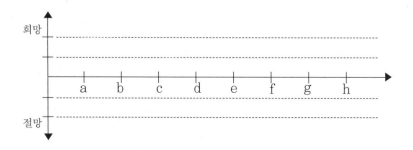

a	직장을 그만두고 간호대학에 들어갔을 때
b	밥도 못 먹고 매일 8시간 이상 서 있어야 했을 때
c	늙고 병들어 가는 육체를 지켜보아야 했을 때
d	환자들의 비정상적인 심리 상태에 압도당했을 때
e	아이들과 풍선 마술로 놀아 주었을 때
f	희준이가 요추천자를 받았을 때
g	희준이가 외면했을 때
h	희준이가 다시 마술을 보여 달라고 했을 때

2. '나'는 남들이 선호하는 회사를 그만두고 쉽지 않은 남자 간호사의 길을 택합니다. '나'가 여러분의 친구라고 생각하고, '나'의 선택을 지지하거나 혹은 반대하는 편지를 써 봅시다.

3. '나'는 남자 간호사입니다. 남자 간호사에 대한 다음 두 주장을 보고 여러분의 입장은 어떤지 상대방의 입장을 반박하며 이야기해 봅시다.

가 "전체 간호대학 재학생 수에서 남학생이 차지하는 비율은 2014년 현재 15%나 됩니다. 의사도 여성 비율이 50%를 넘어선 만큼 남의사, 여간호사가 아닌 여의사 남간호사가 자연스러운 시대가 됐습니다. 병원에서는 남간호사가 여간호사보다 특별히 힘을 더 쓰는 일은 병뚜껑 따는 정도라는 우스갯소리도 있지요. 간호사는 남자냐 여자냐의 문제가 아니라 마음가짐의 문제일 뿐입니다."

나 "여간호사는 섬세하기 때문에 환자들의 정서적인 부분을 잘 돌볼 수 있습니다. 하지만 결단력이 필요한 일이나 체력이 요구되는 중환자실, 응급실, 수술실, 정신과 병동 등에는 남간호사가 더 잘 맞습니다. 서로 다른 성별에게 신체 부위를 보이는 것도 불편하기 때문에 남자는 남자 간호사가, 여자는 여자 간호사가 돌보는 것이 좋습니다. 성별에 따른 영역 구분은 꼭 필요합니다."

• 나의 입장 :

• 근거 :

4. '나'는 '일은 서툴지만 정 많고 돌봄을 잘하는 간호사'를 상상합니다. '나'가 생각한 간호사의 이미지는 의료진에 관한 다음 네 가지 모델 중 어떤 모델에 속할까요? 여러분이 생각하는 바람직한 의료진은 어떤 모델인지도 함께 이야기해 봅시다.

 기술자 모델

의료진은 기술적으로 훌륭한 자격을 갖추는 것이 가장 중요하다. 수도관을 고치는 기술자처럼 병의 원인, 진행 과정, 치료 방법을 가장 최우선에 두어야 한다.

 성직자 모델

의료진은 환자에게 무조건 베풀고 헌신해야 한다. 언제 어디서나 인간적인 애정과 선한 마음을 가지고 환자를 대하는 것이 가장 중요하다.

 협조자 모델

의료진과 환자는 질병 치료라는 공동 목표를 추구하는 협조자이자 동료이다. 서로가 서로를 존중하고 신뢰하는 것이 가장 중요하다.

 계약자 모델

의료진과 환자는 금전적 문제, 종교적 문제 등으로 서로 다른 입장인 경우가 많으므로 질병 치료에 대해 구체적인 계약을 맺고 이 계약을 지키는 것이 가장 중요하다.

장기려, 우리 곁에 살다 간 성자

김은식 지음 | 봄나무

돈보다는 사람을, 치료보다는 의술을 먼저 생각했던 '한국의 슈바이처', '우리 시대의 참 의사'로 일컬어지는 장기려의 박사의 삶 이야기를 담았다. 부산 복음병원 원장으로 40년을 근속하면서도 가난한 이들의 병원비를 대납하기 위해 땅 한 평 없이 완전한 무소유의 삶을 실천한 그의 이야기를 통해 진정한 의사의 길이 무엇인지 알려 준다. 나눔이 무엇인지 알고 싶은 사람, 의술이 아닌 인술을 펼치고 싶은 사람, 따뜻한 이야기를 가슴에 담고 싶은 사람에게 권하고 싶은 책이다.

신약 개발의 비밀을 알고 싶니?

김선 지음 | 비룡소

우리 몸의 병을 치료하는 약을 만들고 사용하기 위한 지식과 기술을 연구하는 약학의 세계를 다룬 책이다. 건강한 몸과 병든 몸에 대한 인류의 견해가 역사적으로 어떻게 발전해 왔는지부터 인체의 원리와 약의 역사, 새로운 약이 개발되는 과정, 약이 우리 몸에서 작용하는 원리 등 약학 전반에 걸친 궁금증을 풀어 준다. 약학자가 하는 일, 약학을 배운 뒤의 진로에 관한 이야기도 들어 있어 약대 진학을 목표로 공부하는 청소년들이 읽어도 좋다.

종합병원에 들어서면 흰 가운을 입은 의사 선생님이 눈에 띕니다. **의사**는 전공에 따라서 사람의 내장 기관 질병을 치료하는 내과, 외상 및 수술을 하는 외과, 산모의 출산과 신생아의 건강을 책임지는 산부인과, 어린아이들의 질병을 치료하는 소아과, 뇌와 신경 계통의 질병을 치료하는 신경정신과 담당으로 나눌 수 있습니다.

그밖에도 피부 질환을 치료하는 피부과, 생식기 질환을 치료하는 비뇨기과, 눈 질환을 치료하는 안과, 코와 귀 그리고 목의 질환을 치료하는 이비인후과, 뼈와 관절 치료를 하는 정형외과, 수술 시 마취를 담당하는 마취과, 치아 치료와 구강 건강을 책임지는 치과 등의 전문의들이 있답니다.

간호사는 환자의 상태 파악을 위해 혈압, 체온 등을 측정하고 환자의 상태와 반응을 관찰, 기록해 의사에게 알리는 역할을 합니다. 여러분이 무서워하는 주사를 놓거나 상처를 소독하는 일도 하지요. 코너를 돌아가니 임상병리실이 있습니다. **임상병리사**들이 환자들의 혈액과 소변 그리고 조직 세포를 각종 실험 기구나 시약 등으로 검사하고 분석해 질병이 있나 없나를 조사하고 있네요. 병원에는 임상병리사와 이름이 비슷한 **임상심리사**란 직업도 있답니다. 임상심리사는 심리적으로 장애가 있는 사람, 즉 마음이 아픈 사람들에게 심리검사 등을 실시한 후 심리 치료를 해 주는 일을 합니다. **음악치료사, 미술치료사** 역시 심리 치료를 담당하지요.

방사선과에서는 방사선을 이용해 신체 내부의 질병과 상애를 씩어 내는 **방사선사**들이 환자의 질병 부위를 촬영하고 있습니다. 팔, 다리 가 부러졌던 친구들이라면 **물리치료사** 선생님들을 잘 알 것입니다. 물 리치료사는 운동 치료, 마사지, 전기 자극 등으로 통증을 완화시키고 손상된 기능을 회복시키는 일을 하는 분들이지요.

회의실에서는 심각한 회의가 진행 중이네요. 환자 몸에 암세포가 생겼는데, 수술하기 어려운 곳에 자리 잡고 있나 봅니다. 회의를 한 후 '로봇 수술'이라는 결론이 내려졌습니다. 로봇 수술이란 아주 작은 인 공 지능 로봇을 몸속에 넣어서 로봇이 암을 제거하게 하는 수술이에요. 물론 로봇 수술을 계획하고 시뮬레이션을 해 보는 것, 그리고 컴퓨터를 통해 로봇을 조작하는 것은 의사 선생님과 **IT의료전문가**들입니다.

그 외에도 환자의 질병과 상태에 맞춰 급식과 영양을 책임지는 **임 상영양사**, 간호사들을 도와서 업무를 처리하는 **간호조무사**, 치과 치료 에 필요한 의치나 교정 장치, 삽입물 등을 만드는 **치기공사**, 보호자 대 신 환자들을 전문적으로 돌보는 **간병인**, 진료 기록, 진로 통계 등의 의 료 정보를 기록하고 보관하는 **의무기록사**, 응급 상황에서 환자들에게 응급조치를 한 후 병원으로 이송하는 **응급구조사**도 병원에서 꼭 필요 로 하는 직업이랍니다.

선생님 질문 있어요 !?

Q 돈도 안정적으로 벌 수 있고 남들 보기에도 멋진 그런 유망한 직업을 가지고 싶어요. 유망한 직업 중에 진로를 선택하는 것이 아무래도 좋겠지요?

A 수입도 안정적이고 남들이 인정하는 그럴듯한 직업을 가지는 건 많은 사람이 부러워할 만한 일이지요. 그렇지만 현재 유망한 직업이 10년, 20년 후에도 전망이 있으리라고 장담할 수는 없습니다. 50년대에는 군인, 권투선수, 전화교환원, 서커스단원이 인기 직업이었지요. 60년대에는 다방 DJ, 가발기술자, 전자제품수리공, 버스안내양이, 70년대에는 트로트가수, 건설기술자, 전당포업자, 비행기조종사가 인기 직업이었습니다. 80년대에는 야구선수, 탤런트, 카피라이터, 드라마프로듀서가 인기 직업이었고요. 하지만 지금까지 계속 인기 직업으로 남아 있는 것은 몇 안되지요?

1990년대에 가장 인기 있던 직종의 하나인 벤처 기업가를 예로 들어 볼게요. 벤처 기업이 붐을 일으키면서 많은 청년이 벤처 사업에 뛰어들었고, 연일 언론의 주목을 받는 등 성공을 맛본 벤처 기업가들도 다수 등장했습니다. 그러나 벤처 거품이 꺼지고 투자가 줄어들면서 기업의 내실을 튼튼히 다지지 못했거나 변화하는 트렌드에 적응하지 못한 수많은 벤처 기업이 사라지고 말았지요. 지금도 기업의 수명을 오래 유지하는 일은 점점 더 어려워지고 있습니다. 이렇게 어떤 직업의 수명과 경제적 조건은 사회의 변화에 따라 달라질 수 있기 때문에 지금 유망한가, 그렇지 않은가만 생각하며 진로를 선택하는 것은 위험합니다.

산업사회 시대에는 한번 교육받으면 그것으로 직장을 선택하고 정년까지 마칠 수 있었습니다. 그래서 직업의 패턴이 평생의 안정된 삶을 보장할 수 있었지만, 여러분들이 직장을 다니게 될 2020년 이후의 세계는 많이 다르겠죠?

평균수명이 늘어나면서 고령화 사회가 도래하고, 그에 따라 노년까지 일하는 '평생 취업'의 시대가 오지 않을까요? 어떤 직업을 가졌다가 실직하면 또 다른 직업을 찾게 될 것이고, 더 나은 직업을 찾아 여러 번 직업을 바꿀 수도 있습니다. 앞으로는 아마 끊임없이 학습하면서 관심 있는 것에 대해 더 공부하고 계속해서 자신에게 맞는 직업을 찾아가는 시대가 될 거예요.

그러면 알 수 없는 미래 사회에 정말 필요한 능력은 무엇일까요? OECD는 12개 국가의 정치, 사회, 경제, 교육 등 여러 분야 전문가들의 의견을 수렴해 미래 사회에서 요구되는 '21세기 학습자의 핵심 역량'을 3가지로 제시했습니다. 즉, 다른 사람에게 의존하지 않고 자율적으로 판단하고 행동하는 능력, 서로 다른 집단 속에서 소통하는 능력, 지적인 도구를 자유롭게 활용하는 능력이 필요하다고 했지요. 이러한 능력을 갖추었을 때 급변하는 사회, 어떠한 상황에서도 잘 헤쳐 나갈 수 있으리라 생각되네요.

그러려면 지금 유망한 직업이 무엇인지 쫓아 입시 공부에만 몰두할 것이 아니라 삶의 다양한 부분에 적용될 수 있는 능력을 키우는 것이 필요하겠죠? 인간을 이해하고 서로 연대하며 소통할 수 있는 역량을 가진 사람. 그런 사람이야말로 어느 직종, 어떤 직업을 택하더라도 유망 직업으로 만들 수 있지 않을까요?

세상의 온도를
UP시키는
아름다운 동행

사회복지사

>> 『하루를 살아도 나는 사회복지사다』
도래샘 지음 | 인간과복지

여러분은 어떤 삶을 살고 싶나요? 사람들은 대개 부유하고 넉넉하며 남들이 부러워하는 삶을 원하고, 힘들고 가난한 삶은 피하고 싶어 하지요. 그렇지만 부유하거나 빛나는 것보다 가난하고 쓸쓸하게 살아가는 사람들과 삶을 함께하고자 하는 사람들이 있습니다.

사회복지사는 장애인, 가출 청소년, 미혼모, 저소득층 등 사회적 소수자들의 인권과 복지를 위해 일하는 사람입니다. 일반적으로 사회복지사는 지역사회복지관, 노인종합복지관, 장애인복지관, 자원봉사센터, 청소년수련관, 주간보호센터 등에서 이용자들에 대한 상담, 경제적 지원, 자원봉사 활동 관리 등의 일을 합니다.

또한 노인복지시설, 장애인복지시설, 부랑인복지시설, 아동복지시설, 정신요양시설, 모자복지시설 등에서 대상자의 입소 생활을 돕고 관련된 행정 업무를 하며, 후원자를 찾아 연결하는 일을 하지요. 이밖에도 정신보건센터, 의료사회복지센터, 정신장애그룹센터 등에서 정신 장애인의 재활 치료 및 상담을 통한 사회 복귀를 지원하기도 합니다. 이처럼 사회복지사는 도움을 주고자 하는 사람을 도움이 필요한 사람과 연결해 주고, 도움이 필요한 이들을 지원할 예산과 프로그램을 발굴하는 등의 다양한 활동을 합니다.

이런 점에서 사회복지사가 가장 소중하게 생각하는 가치는 '사람'

이요, '생명'입니다. 사람이 사람답게 살아갈 수 있도록 돕는 것이 이들의 주된 역할입니다. 그러다 보니 사회복지사는 사람을 많이 만나야 합니다. 도움을 필요로 하는 사람들을 만나고, 여러 사람을 설득해 그들에게 도움을 줄 수 있도록 해야 하지요. 또 관공서의 담당자들을 만나 제도적으로 부족한 부분이 있다면 그 속에서도 방법을 찾도록 노력하고, 또 제도를 고칠 수 있도록 제안하는 것도 사회복지사의 역할입니다.

그러므로 사회복지사가 되려면 무엇보다도 인간에 대한 믿음이 있어야 합니다. 도움이 필요한 사람을 지속적으로 지원할 수 있는 인내심도 있어야 하겠지요. 수많은 사람을 만나며 그들의 사연을 듣고, 웃음과 눈물을 나누고, 현실에서 부딪히는 다양한 문제들을 함께 해결하는 것이 쉬운 일은 아닙니다. 그럼에도 사회복지사가 그 길을 계속 걸어가는 것은 사람들과의 관계에서 얻는 남다른 기쁨과 보람이 있기 때문일 것입니다. 단지 '남'일 뿐이던 다양한 사람들과 관계를 맺고, 그들의 고민을 나누고, 자립을 지원하는 과정에서 사회복지사 역시 매 순간 삶의 의미를 새롭게 느끼고 함께 성장할 것입니다.

사회복지사가 되기를 원하는 친구들이 있다면, 다음 책을 읽으면서 자신이 원하는 삶이 어떤 것인지 생각해 보세요.

"어머니, 저는 사회복지사구요. 최성숙이라고 합니다."

"아, 네."

"네가 희철이구나? 잘생겼네. 이모가 잠시 엄마랑 이야기하는 동안 희철이는 저기 놀이방 가서 놀면 안 될까?"

검사 결과를 보기 위해 복지관 병원에 나온 미순 씨와 최 부장의 첫 만남은 이렇게 시작되었다. 둘째 아이가 소아암이라는 판정을 받으면서 미순 씨는 그 자리에 주저앉아 정신을 놓고 말았다.

"어찌 해야 하나요?"

"우선 희철이를 병원에 입원시켜야 합니다. 수술해야죠."

"돈이…… 많이 들겠죠?"

"네."

"휴우…….'"

당장 약 사 먹일 돈이 없어서 공짜로 약을 준다는 복지관 병원에 온 처지에 무슨 수로 수술비를 마련한단 말인가?

* * *

"최 부장님! 잘 아시면서 왜 그러세요?"

"아니까 이렇게라도 말씀을 드리는 것 아닙니까?"

"아 글쎄, 박미순 씨는 현재 주민등록상의 가족 요건이나 법적으로 아무런 자격 조건이 되지를 않아요."

"홍 계장님! 그걸 모르는 것은 아닌데요. 긴급 생계비 지원 대상으로라도 어떻게 안 될까요?"

"물론 그것이 마련되어 있기는 하지만, 절차상 어렵습니다."

"그래서 이렇게 복지관 조사 서류하고 관련 내용들을 첨부해서 공문으로 가져왔잖아요. 저희가 증명한다니까요."

"누차 말씀드렸듯이 그건 그냥 복지관에서 올린 서류일 뿐이에요. 아, 복지관에도 절차라는 것이 있지 않습니까? 거기에 안 맞으면 혜택을 못 주잖아요. 마찬가지예요."

"이번 경우는 다르니까 제가 온 겁니다. 제발 부탁드려요. 아이의 목숨이 달려 있어요."

"아, 참 내……."

"홍 계장님, 부탁드립니다."

"이봐, 김 주임!"

"네."

"이것 접수하고 구청에 올려 보내."

최 부장도 전후 사정을 모두 알고 있기는 했지만, 현재로서는 별달리 뾰족한 수가 없었다. 박미순 씨는 현재 이혼한 상태가 아니었기에 수급자가 될 수 없었다. 그렇다고 서류상으로만 존재하는 부양 의무자인 남편에게 의지할 수 있는 상황도 안 되었고 설령 이혼한다 해도 수급자가 될 것인가 하는 것 또한 불분명했다.

공적 지원 체계 하에서 그나마 요청을 할 수 있는 것이 긴급 생계비였지만, 동사무소 홍 계장의 말처럼 뻔한 결과가 나올 것은 자명하다. 그렇다고 넋 놓고 있을 수만은 없었다. 미순 씨도 그렇지만, 다섯 살짜리 희철이를 생각하면 절차만 따질 여유가 없었던 것이다.

'정말, 묻지도 따지지도 않고 즉시 지원할 수는 없을까? 그것이 제도로 정착된다면 얼마나 좋을까?'

* * *

"차라리 우리 가족 그냥 내버려 두세요."

"어머니, 그 말 진심이 아니잖아요. 희철이 저 착한 아이 어떻게든 살려야 하지 않겠어요?"

"방송에 나가면 분명히 애들 아빠가 볼 텐데."

"그건 걱정 마세요. 여지껏 모두 비밀이 지켜지고 큰 도움을 받았으니까요. 병실에 있는 희철이를 생각하세요."

무엇보다 중요한 것은 미순 씨의 결정이었다. 완강히 버티던 미순 씨가 결국에는 방송에 출연하였다. 단, 가족의 얼굴이 나오지 않는다는 조건 하에. 혹여 희철이 아버지가 찾아오게 되는 빌미를 제공하는 것은 아닐까 미순 씨를 비롯해 최 부장 또한 희철이의 방송 출연에 대해 우려를 했다.

이미 방송국 제작진과는 상호 신뢰 관계가 형성되어 있었다. 가족에 대한 비밀은 철저하게 지키자는 원칙을 세워 놓고 촬영 준비에 들어갔다. 방송이 나간 후, 수술비와 얼마간의 치료를 받게 할 수 있는 돈이 마련되었다. 최 부장은 평소 안면이 있던 김 작가에게 고맙다는 인사를 하기 위해 전화를 했다.

"김 작가, 고마워. 이번 일로 큰 신세를 졌어."

"고맙다는 말 들으려고 한 것 아니니까 신세라 생각하지 마."

"어쨌거나 이번 방송으로 아이 수술은 할 수 있게 되어서 다행인데, 병원이 법인 산하 병원이 아니고 다른 병원이라 여러모로 어려움이 있어. 돈이 들어와야 수술을 할 수 있다고 하는데 언제쯤 지원이 될까?"

"그게 말이야. 내가 알기로는 최소 한 달에서 길면 두 달까지 걸리는 것 같아."

"정말? 뭐가 그렇게 오래 걸려?"

"이게 좀 복잡한가 봐. 방송국으로 직접 기탁된 돈이 아니고, 시청자가 전화를 통해 납부한 기금이라 한 달 후에 전화요금에서 빠져나가고, 그것이 다시 은행에서 정산되어 모금 단체로 가는 시간들이 꽤 걸리는 것 같던데."

하루라도 빨리 수술을 해야 성공률이 높다고 하는데, 또다시 이런 절차들에 발목이 잡힐 줄은 몰랐던 것이다. 방송국을 나오는 최 부장은 또 다른 벽 앞에서 울분을 토했다.

"이놈의 사회는 희망도 절차를 밟아서 받아야 하나!"

읽 고 나서

1. 사회복지사는 많은 사람을 만나야 하는 일입니다. 아래 보기를 참고하여 최성숙 부장을 중심으로 본문에 등장하는 사람들의 인물 관계도를 그려 봅시다.

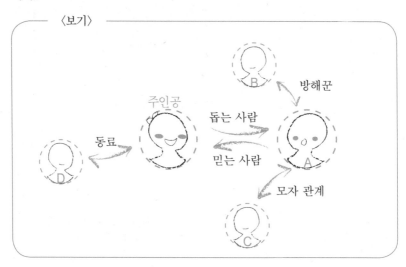

2. 최성숙 부장이 희철이를 돕는 과정에서 부딪힌 장애물들을 모두 찾아보고 이 장애물을 어떻게 넘으려 노력했는지 적어 봅시다.

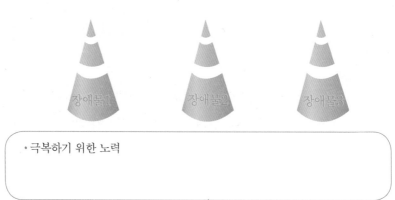

- 극복하기 위한 노력

3. 지금 내가 다른 사람과 나눌 수 있는 것들을 세 가지만 이야기해 봅시다.

1. _____

2. _____

3. _____

4. 사회복지사와 같은 일을 하려면 배려심과 이타심, 원만한 대인 관계를 맺을 수 있는 기술이 많이 필요합니다. 다음 질문을 통해 여러분에게 이런 자질이 얼마나 있는지 확인해 봅시다.

항목	점수				
	아니다 ↔ 그렇다				
나는 다른 사람의 일에 관심이 많다.	1	2	3	4	5
나는 사람들과 수다를 떨거나 이야기 나누는 것을 좋아한다.	1	2	3	4	5
나는 아픈 사람이 있으면 그냥 지나치지 못한다.	1	2	3	4	5
나는 남을 위해서라면 위험한 일도 한다.	1	2	3	4	5
나는 슬픈 이야기를 들으면 마음이 찡해지고 잘 우는 편이다.	1	2	3	4	5
나 자신이 소중한 사람이라는 것을 느끼고 남과 그 느낌을 주고받는 일을 중요하게 생각한다.	1	2	3	4	5

• 나의 점수 : _____

5. 다음은 사회복지사들이 업무를 수행하며 겪는 어려움을 조사한 것입니다.

- 나는 부정적인 감정 표현을 자제해야 한다.
- 나는 화가 나도 그것을 드러내지 말아야 한다.
- 나는 상대방이 이야기하면 싫어도 맞장구를 치는 등 공감을 표시해야만 한다.
- 나는 당황스러운 일이 있을 때에도 침착함을 유지해야 한다.
- 나는 내가 느끼는 진짜 느낌을 표현하지 않으려고 노력한다.
- 나는 상대방에게 진심에서 우러나와 웃는 경우보다 일부러 웃는 경우가 더 많다.

〈국가인권위원회 2013 사회복지사 인권상황 실태조사〉 중에서

이런 어려움을 '감정노동'이라고 부릅니다. 감정노동을 강요당하는 다른 직업들을 찾아보고, 이를 해결하기 위해서는 무엇이 필요할지 이야기해 봅시다.

6. 자신이 사회복지 NGO단체 홍보 담당자라고 가정해 봅시다. 지금 다문화가정의 아이들에게 우리말을 가르치는 자원봉사자를 모집해야 합니다. 자원봉사자를 모집하기 위한 홍보문을 작성해 봅시다.

사회복지사의 희망 이야기

노혜련, 임종호, 최경일 지음 | 학지사

사회복지 현장의 숱한 어려움 속에서도 꿋꿋이 자리를 지키며 사회복지사의 길을 올곧게 걷고 있는 사람들의 진솔한 이야기를 담고 있다. 이들의 이야기를 통해 사회복지의 의미와 비전을 생각해 보는 계기를 제공한다. 이 책은 사회복지사로서 지켜야 할 가치, 즉 '인간에 대한 존중'을 사회복지사의 정체성으로 강조한다. 사회복지사를 꿈꾸는 학생이라면 현장에서 발생하는 다양한 사례를 생생하게 접할 수 있을 것이다.

사람인 까닭에

류은숙 지음 | 낮은산

이 책의 저자는 지난 21년간 인권 운동의 외길을 묵묵히 걸어온 활동가이다. 그 길에서 마주친 사람들, 엇갈린 사람들, 그를 울린 사람들을 불러내 이야기를 털어놓는다. 그리고 그들의 이야기를 통해 "함께 살자"는 메시지를 전달한다. 한 사람의 열 걸음보다 열 사람의 한 걸음이 세상을 바꾼다고 믿는 사람에게 이 책을 권한다. 그저 '남을 돕는 직업'이라고 생각하기 쉬운 시민 단체 활동가의 일상과 삶이 어떤 것인지, 활동가로 살아간다는 것의 의미는 무엇인지 함께 생각해 볼 수 있을 것이다.

우리 사회에는 아무리 노력해도 구조적인 결핍 때문에 어려움을 겪는 사람들이 있습니다. **사회복지사**는 이런 사람들을 위한 복지 정책을 만들고 복지 서비스를 제공하는 일을 한답니다. 사회복지사가 되려면 관련 대학에서 사회복지학을 전공하거나 자격시험을 통과해서 자격증을 취득하면 됩니다. 사회복지사는 주로 시도나 읍면에 속한 사회복지 전담 기구의 공무원이 되기도 하고, 보건사회연구원이나 한국노동연구원 등에서 연구를 하기도 합니다. 노인복지관, 청소년수련원, 고용안정센터, YMCA, NGO, 사회복지시설, 일반 기업의 사회 공헌 부서 등에서 일하기도 합니다. 또한 사회복지사들은 우리 마을에서 누가 어려운지를 파악한 후 대상자를 선별하고 후원자와 연계해 후원금을 전달하는 일을 합니다. 가정을 직접 방문해 말벗도 해 드리고 필요한 것을 챙기는 등, 사회복지사가 하는 일들은 매우 다양하지요. 그리고 무엇보다도 어려운 이웃과 나눔의 삶을 실천하는 직업이므로 더욱 가치 있다고 할 수 있겠네요. 한국사회복지사협회 홈페이지(www.welfare.net)에 들어가면 좀 더 자세한 정보를 볼 수 있으니 관심이 있는 친구들은 찾아 보세요.

이번에는 **NGO**(non-governmental organization)에 대해서 알아보겠 습니다. NGO를 쉽게 설명하면 정부 기관과 관련이 없는 민간단체로, 이익을 목적으로 하지 않는 단체라고 할 수 있습니다. 대표적으로 유 명한 사회복지 NGO에는 굿네이버스, 월드비전 등이 있고 청소년 사 회복지 단체인 러빙핸즈가 있습니다.

NGO에서 하는 주된 일은 도움을 주고자 하는 사람과 도움이 필요 한 사람을 연결하는 결연 사업과 아프리카 등 절대적으로 빈곤한 나라 사람들을 지원하는 구호 사업 등입니다. 그렇다면 이런 단체에는 어떤 일자리들이 있을까요? 먼저 기업이나 개인에게 홍보해 후원을 엮어 내는 **교육홍보팀**이 있고, 후원할 사람과 후원받을 사람을 연결하는 **후원지원팀**도 있답니다. 그리고 국내외 자원봉사자들을 관리하는 **자원봉사팀**도 있겠네요. 그 외에도 **기획팀**, **국제구호팀**, **마케팅팀** 등 다양 한 일자리들이 있답니다.

사회복지에 관심이 있다면 NGO 단체에서 진행하는 국내외 자원 봉사 등의 활동에 참가해 보세요. 활동을 하다 보면 이 일이 자신에게 꼭 맞는 일인지 아닌지를 자연스럽게 알게 될 것입니다. 사회복지 관 련 일은 무엇보다 직업 흥미와 가치관이 중요한 직업이기 때문입니다.

선생님 질문 있어요 !?

Q 부모님이 돈 때문에 자주 다투세요. 저는 돈을 많이 벌어서 부모님을 편하게 해 드리고 싶어요. 제 직업 가치도 경제적 안정이 1등으로 나왔고요. 몸은 좀 힘들더라도 돈을 많이 버는 직업에는 어떤 것이 있나요?

A 세상에는 많은 직업이 있는데 모든 직업이 돈을 많이 벌 수 있는 것은 아니지요. 그럼 돈을 많이 벌 수 있는 직업에는 어떤 것들이 있는지 한국고용정보원의 통계 자료(2012년 기준)를 함께 살펴볼까요?

직업	연봉(만 원)	전망(%)	만족도(%)
대기업 임원	10,988	36.7	75
국회의원	10,652	16.7	86
성형외과 의사	9,278	95	95
항공기 조종사	9,183	86	86
변호사	8,860	89	89
고위 공무원	7,430	10	89
의약 계열 교수	7,332	36.7	91
프로야구 선수	7,155	53.3	24
회계사	6,853	40	70

어때요? 돈을 많이 버는 직업들의 공통점이 눈에 확 들어오나요? 대다수가 그 직업을 가지기 위해서는 치열한 경쟁을 뚫어야 하는 직업들이지요. 그리고 전문적인 지식이나 능력을 갖추어야 하는 일들이고요.

그런데 연봉만 보지 말고 전망도를 한번 보세요. 지금은 돈도 많이 벌고

214

소위 '잘 나가는' 직업인데, 전망도는 낮은 직업이 의외로 많지요? 전망도가 낮다는 건 미래에는 그 직업이 유망하지 않을 수도 있다는 거예요.

물론 우리나라에서는 좋은 일자리의 기준을 높은 연봉과 안정성이라고 말하는 경우가 많습니다. 그런데 안정성과 소득은 높을지 모르지만 그것만을 기준으로 삼다 보니 상대적으로 몸이나 마음이 힘들어 그에 따른 스트레스 지수 역시 높아지지요. 우리나라의 대표적인 대기업들을 생각해 보세요. 많은 이가 선망하는 직장이지만 평균 근속 연수는 10년 미만이라고 합니다. 돈은 많이 벌지만 끊임없이 주어진 미션을 성공해야 한다는 스트레스 지수도 높답니다.

그래서 직업을 선택할 때는 연봉이 얼마인지만 생각하지 말고 중소기업청에서 발행하는 행복기업지수도 눈여겨봤으면 해요. 또 돈은 버는 것도 중요하지만 번 돈을 어떻게 쓸 것인가도 중요합니다. 많은 사람이 돈을 어떻게 많이 벌 것인가를 고민하지만, 정작 그 돈을 어떻게 효율적으로 쓸 것인가에 대한 고민은 별로 하지 않는 것 같아요. 많은 돈을 벌어서 무엇을 어떻게 하고 싶은지도 한 번 더 생각해 보세요.

우리는 직업을 통해 자신의 적성과 재능에 맞는 일을 함으로써 자아실현의 만족감을 얻습니다. 뿐만 아니라 일을 통해 사회에 기여하는 데서도 커다란 기쁨을 얻지요. 지금 당장은 돈만 많이 받으면 다른 것은 다 이겨 낼 수 있을 것 같다고 생각하지만 실제로는 그렇지 않다는 것을 알려 주고 싶어요. 직업을 통해서 우리가 추구하는 가치는 결국 행복을 얻는 일일 테니까요!

i3

혁신과 창의로
미래를 디자인하다

경영인

>> 『잡스 사용법』
한미화 지음 | 거름

잡스 사용법

2011년 스티브 잡스가 사망하자 전 세계에 그를 추모하고 애도하는 물결이 일었습니다. 그의 삶을 조명하는 각종 언론의 기사가 쏟아지고, 그와 관련한 책들이 연달아 출판되는 등 그의 죽음 자체가 문화적 이슈가 되었지요.

애플의 CEO였던 스티브 잡스는 세계인이 존경하는 '21세기의 아이콘'이라고 불립니다. 여러분도 'CEO'라는 말을 들어 보았지요? CEO는 '최고 경영자(Chief Executive Officer)'라는 뜻입니다. 기업에서 최고의 결정권을 가진 사람을 말하며, 단체나 기관에서도 최고의 경영권을 가진 사람을 뜻하지요. 그리고 경영자나 경영인은 기업이나 사업을 관리하고 운영하는 사람입니다. 그러면 스티브 잡스를 시대의 아이콘이라고 하는 이유는 무엇일까요?

그가 삶을 통해 세상 사람들에게 보여 준 말과 행동을 한마디로 요약하면 다음과 같이 표현할 수 있을 것입니다. '자신의 삶과 일을 사랑하라.' 잡스 자신이 이 메시지대로 살았고, 그 결과가 어떻게 되었는지는 그의 일생으로 증명한 셈이지요.

삶을 대하는 그의 태도가 애플이라는 기업을 통해 구현되었고, 사람들은 단순히 '부유하고 이름난 한 기업인'의 삶을 넘어 그가 삶에서 이루고자 했던 가치와 그것을 추구한 과정에 주목합니다.

스티브 잡스가 기업인으로서 항상 승승장구했던 것은 아닙니다.

돈이나 결과를 목표로 삼기보다는 사랑하는 일을 한다는 것에 만족했고, 그 과정에서 늘 열정을 다했지요. 그러다 실패하기도 했지만 그는 그 자리에 머물지 않고 매번 새롭게 도전했습니다.

그가 혁신에 혁신을 거듭하는 제품을 만들었다는 것, 성공과 실패를 극적으로 오가며 애플을 세계적인 기업으로 키웠다는 사실 역시 많은 사람에게 알려져 있습니다. 그 밑바탕에는 '열정'과 '끊임없는 노력'이라는, 단순해서 더욱 빛나는 가치가 숨어 있었지요.

스탠퍼드대학교 졸업식에서 잡스는 졸업생들에게 "늘 갈망하고 우직하게 나아가라."고 당부했다고 합니다. 또 그는 "당신의 시간은 한정되어 있습니다. 그러니 다른 사람의 삶을 살며 낭비하지 마십시오."라는 말도 남겼지요.

이제부터 스티브 잡스의 삶과 리더십을 통해 진정한 기업가가 갖추어야 할 정신을 만나 볼까요?

  잡스는 최고의 CEO로 평가받지만 사실 그릇된 판단도 많이 했고 실수도 많이 했다. 극적으로 성공하고 거듭 실패했던 잡스의 삶은 많은 걸 이야기해 준다. 흔히 사람들은 잡스가 아이폰이나 아이패드 같은 혁신적인 제품을 만들어 성공했다고 생각하고 그가 만든 모든 제품들이 잡스의 말처럼 '위대한 제품'이라고 착각한다. 하지만 사실은 그렇지 않다. 그가 '위대한 제품'이라고 생각했던 매킨토시도 처음에는 실패했고, '컴퓨터 세계의 지형을 뒤바꿀 컴퓨터'라고 한 큐브도 처참하게 실패했다. 잡스가 IT 산업계의 최고의 CEO가 될 수 있었던 이유는 혁신적인 제품을 만들었기 때문이기도 하지만 실패를 통해 배울 줄 알았기 때문이다.

  서른 살에 애플에서 쫓겨난 잡스는 지혜와 성숙의 시간을 가지지 않고 1985년에 새로운 컴퓨터 회사인 넥스트를 설립했다. 1997년 애플에 복귀한 뒤 잡스가 "애플에서 쫓겨났을 때 곧바로 일을 시작한 걸 나중에 후회했어요. 자기만의 시간을 가져야 했는데."라고 말할 만큼 성급한 결정이었다. 하지만 서른 살의 잡스는 그러지 못했다. 그럴 수밖에 없었던 것이 잡스로서는 맥의 실패를 인정할 수 없었다. 그는 자신이 특별하며 맥은 위대했다는 사실을 추호도 의심하지 않았다. 자기 확신이 강했던 만큼 그의 충격은 컸다. 잡스는 자신이 애플에서 실패하지 않았다는 걸 성급하게 넥스트에서 입증하고 싶어 했다. 실패에 좌절하지 않는 용기와 열정은 높이 살 만했다. 하지만 넥스트에서 그가 했던 일들은 그가 실패로부터 충분히 배우지 못했다는 사실만 보여 주었다.

넥스트에서 잡스는 일반 소비자가 아닌 연구자나 과학자들을 위한 고성능 컴퓨터를 만들었다. 1989년에 세련된 디자인에 독자적 운영 체계인 넥스트스텝을 갖춘 컴퓨터 큐브를 선보였다. 잡스는 "10년에 한두 번 일어날 만한, 컴퓨터 세계의 지형을 뒤바꿀 새로운 아키텍처의 등장"이라고 떠벌렸지만 시장에서는 철저하게 무시당했다. 큐브의 판매량은 한 달에 400대 정도로 기대에 한참 못 미치는 수준이었고, 이로 인해 넥스트는 적자와 재정난에 시달렸다. 1990년에 선보인 넥스트스테이션 역시 판매가 신통치 않았다.

잡스가 넥스트에서 최고의 컴퓨터를 만들었다는 점은 누구나 인정했다. 하지만 비싼 가격과 느린 속도 등의 문제로 소비자에게 외면받았던 맥의 실패를 반복하고 있었다. 넥스트에서 그의 이상은 현실과 맞지 않았으며, 독선적이고 불같은 성격도 여전했다. 모든 의사 결정을 자기 마음대로 했고 전권을 휘둘렀다. 결과는 참담했다. 1993년, 더 이상 넥스트를 유지하는 것이 불가능할 정도로 사태는 심각해졌다. 애플에게 본때를 보여 주겠다는 사업 초기의 활력은 사라지고 재정 상태는 최악으로 치달았다. 천하의 잡스라도 실패를 인정하지 않을 수 없었다.

잡스는 마침내 실패를 깨끗이 인정하고, 막대한 돈을 들인 하드웨어 생산 라인을 폐기하기로 결정했다. 이 소식에 넥스트 창업 멤버들은 회사를 떠났고 초기 투자자였던 로스 페로도 잡스의 경영 방식에 문제를 제기하며 지원을 중단했다. 넥스트에 투자했던 캐논 역시 하드웨어 부분을 인수하고 관계를 단절했다. 연이은 실패와 투자자들의 철수로 사업을 포기할 수도 있었지만 잡스는 큐브의 실패를 거울삼아 소프트웨어 사업에 집중한다. 객체지향프로그래밍을 통한 진일보한 운영 체계 개발은 잡스를 애플에 복귀할 수 있도록 하였고, 이때 개발했던 넥스트스텝의 운영 체계는 훗날 새로운 매킨토시 운영 체계인 맥 OS X로 발전할 수 있었다.

1995년 마이크로소프트가 윈도 95를 출시하자 애플은 치명타를 맞았다. 당시 애플의 CEO였던 길 아멜리오는 윈도 95 때문에 차별성이 없어진 맥 OS의 개선이 시급하다고 판단했다. 자체 개발을 시도했지만 예정되었던 시간을 넘겨도 완성될 조짐이 보이지 않았다. 대안으로 외부에서 운영 체계를 개발할 수 있는 파트너를 찾기 시작했다. 마이크로소프트, 선 마이크로시스템스, 애플에서 일했던 장 루이 가세가 만든 비, 그리고 스티브 잡스가 만든 넥스트가 거론되었다. 잡스는 넥스트의 운영 체계만을 사는 것보다 넥스트와 그 안의 사람들 전체를 데려가는 것이 더 이득이라고 설득했다. 길 아멜리오는 솔깃했고 인수를 결정했다. 인수 이후 잡스는 애플의 임시 CEO로 복귀했고 인생 3막을 연다.

실패는 누구에게나 찾아온다. 인류가 살아가는 한 실패 없는 삶은 없다. 인생에서 실패는 때때로 찾아오는 과정이며, 실패했다고 삶이 끝나는 건 아니다. 누구든 죽기 전에는 그 사람의 인생이 실패했다고 단정할 수 없다. 인생이라는 기나긴 여정 속에서 실패 그 자체보다 실패를 어떻게 다루느냐가 더 중요하다. 그래서 마틴 루터 킹은 "사람을 볼 때는 성공이 아니라 실패에 어떻게 반응하는가를 보고 판단하라." 고 했다. 실패에서 배우지 못하는 사람들은 대부분 실패를 적으로 생각하고 절대 실패하지 않으려고 애를 쓴다. 하지만 그럴수록 왜 실패했는지 알지 못한다. 에디슨, 라이트 형제와 같이 우리가 아는 위대한 업적을 남간 사람들은 대부분 어처구니없을 만큼 실패에 실패를 거듭했다. 하지만 그들은 실패를 통해 배웠다. 잡스 역시 실패를 거듭했지만 인생 2막의 실패에서 많은 것을 배웠다.

만일 잡스가 매킨토시와 큐브의 실패를 인정하지 않고 예전처럼 끝까지 위대한 제품이라고 고집을 부렸다면 오늘날 우리는 아이폰을 만나지 못했을지도 모른다. 만일 잡스가 인생 2막의 실패에 좌절해 모든 것을 포기해 버렸다면 오늘날 우리는 아이패드를 만나지 못했을지도 모른다. 잡스가 실패를 인정하고, 실패를 무릅쓰고 끝없이 혁신을 이루어 나갔기 때문에 현재의 애플을 만날 수 있는 것이다.

읽고 나서

1. 스티브 잡스가 넥스트에서 성공하지 못했던 까닭은 무엇인가요?

2. 스티브 잡스가 실패를 통해 배운 것은 무엇인지 찾아봅시다.

3. 다음은 스티브 잡스가 스탠퍼드대학 졸업식에서 했던 연설의 일부입니다. 연설문을 읽고 여러분이 진심으로 좋아하는 것이 무엇인지, 어떤 일이 여러분의 심장을 뛰게 하는지 이야기해 봅시다.

제가 만약 애플에서 해고되지 않았다면 제 인생의 멋진 사건들이 생기지 않았을 거라고 확신합니다. 굉장히 입에 쓴 약이었지만, 저에겐 꼭 필요했던 약이었습니다. 때때로 인생은 벽돌로 여러분의 머리를 칠 수도 있습니다. 그러나 희망을 잃지 마세요. 저를 계속해서 이끌었던 것은 제가 좋아하는 일이었다고 생각합니다. 여러분이 진심으로 좋아하는 것이 무엇인지를 찾아야 합니다. 인생의 대부분은 여러분이 선택한 일들로 채워집니다. 여러분이 하는 일이 대단하다고 믿을 때 여러분은 만족할 것입니다. 그리고 대단하고 멋진 일을 할 수 있는 유일한 방법은 여러분이 하는 일을 사랑하는 것입니다. 아직 찾지 못했다면 계속해서 찾아보시길 바랍니다. 멈추지 마세요. 여러분의 심장이 그 길을 인도할 것입니다. 여러분은 시간이 지날수록 더욱 그 일에 빠져들 것입니다. 그러니 계속해서 찾아보세요. 멈추지 마세요.

4. 이 책에 나오는 잡스의 생각에 대해 어느 정도 공감하는지 공감도를 표시해 봅시다.

항목	공감도				
	아니다 ↔ 그렇다				
자신이 사랑하는 일을 찾는 것이 중요하다.	1	2	3	4	5
돈의 가치보다 중요한 것이 일의 가치다.	1	2	3	4	5
실패를 통해 우리가 아는 모든 것을 배울 수 있다.	1	2	3	4	5
삶의 경험은 어떤 식으로든 우리에게 영향을 끼친다.	1	2	3	4	5
두려움을 피하지 않고 마주할 때 용기를 낼 수 있다.	1	2	3	4	5
지나간 일을 후회하느니 내일을 만들어 가자.	1	2	3	4	5
일의 과정 자체를 즐겨라, 그것이 곧 보상이다.	1	2	3	4	5
실패를 두려워하지 말고 끊임없이 혁신하라.	1	2	3	4	5
동료로부터 배울 수 있다는 것을 잊지 말아라.	1	2	3	4	5
열정적인 마음으로 일을 대하라.	1	2	3	4	5

5. 다음 신문 기사를 읽고, ADHD의 이면에 숨어 있는 '기업가 정신'이란 어떤 것인지 말해 봅시다.

영국 항공·미디어 기업 버진그룹의 리처드 브랜슨 회장, 스웨덴 가구 공룡 이케아 창업주 잉그바르 캄프라드 회장, 미국 항공사 제트블루의 창업자 데이비드 닐먼. 이들의 공통점은 뭘까. 바로 '괴짜', '혁신', '열정' 등의 수식어를 달고 있는 기업인들이라는 것이다. 역설적이게도 이들 모두 어렸을 적 주의력결

핍과잉행동장애(ADHD)를 진단받았다는 특징이 있다.

미국 경제 격주간지 포브스는 치료받아야 할 병으로 치부되는 ADHD의 이면에 놀라운 '기업가 정신'이 숨어 있다고 최근 보도했다. ADHD가 약을 먹고 없애야 하는 질병이 아니라 잘만 활용하면 놀라운 능력을 발휘할 수 있는 숨은 보물이라는 것이다. 탁월한 위기관리 능력으로 제트블루를 성공적인 기업으로 만든 데이비드 닐슨은 지난 2005년 한 언론과의 인터뷰에서 "ADHD를 통해 나는 특별한 능력을 얻었다."면서 "문제에 부딪힐 때마다 나의 뇌는 끊임없이 최적의 해결책을 탐구하며 혁신을 추구하게 한다."고 밝혔다.

ADHD 보유자들은 집중력이 떨어지고 충동적이라고 알려져 있다. 그러나 ADHD는 창의력과 열정, 새로움에 대한 추구, 멀티태스킹 등 무수한 장점도 함께 가지고 있다. 특히 이는 관습을 거부하고 모험 정신으로 새로운 가치를 창출하는 기업가 정신과 흡사하다. 물론 ADHD를 제대로 관리하지 못할 경우 사회 부적응자가 될 확률도 있다. 포브스는 그러나 현대사회가 ADHD의 단점을 지나치게 부각한 나머지 이를 훌륭하게 사용할 기회를 놓치고 있다고 비판했다. 심각도를 기준으로 1~10까지 분류한다면 9~10에 해당하는 경우만 약물로 치료를 받으면 된다. 문제는 5~8에 해당하는 사람들도 모두 같은 진단을 받고 같은 약을 먹는다. 포브스는 다양성과 창조성이 강조될수록 사회적으로 성공한 ADHD 보유자들이 더 많이 탄생할 것이라고 설명했다. 아인슈타인, 에디슨, 안데르센, 처칠 등이 모두 후세에 의해 ADHD 진단을 받았다는 사실도 상기할 필요가 있다.

〈아시아경제〉, 2014년 5월 25일

MT 경영학

이동진 지음 | 장서가

많은 학생이 멋진 CEO가 되기를 꿈꾸며 경영학과에 가고 싶어 한다. 하지만 경영학은 상당히 포괄적이고 광범위한 학문이기 때문에 경영학과를 지망하는 학생들조차도 경영학에 대해 명확히 이해하고 있는 경우는 드물다. 그렇다면 경영학은 도대체 어떤 학문일까? 이 책은 경영학의 역사, 경영학과 관련한 다양한 개념 설명과 더불어 실제 대학에서 어떤 과목을 배우게 되는지에 이르기까지 구체적이고 생생한 이야기를 전해 주고 있다.

멈추지 마, 다시 꿈부터 써 봐

김수영 지음 | 웅진지식하우스

저자는 세계 매출 1위 기업인 로열더치쉘의 영국 본사에서 일하고 있는 기업인이다. 그녀는 초등학교 시절 왕따를 경험했고, 중학교 때는 '문제아'로 방황하다 검정고시로 실업계 고등학교에 들어갔다. 지방대학을 나와 50여개 회사에 지원해 낙방을 하지만 포기하지 않고 영국으로 건너가 취업에 도전하고 성공한다. 꿈이 무엇인지 모르겠다는 청소년, 꿈은 있지만 그 꿈을 어떻게 이루어야 할지 막막한 청소년에게 저자가 좌충우돌하며 도전하고 노력했던 경험이 생생히 담긴 이 책을 권한다.

회사원들은 어떤 일을 할까요? 회사는 콘텐츠나 물건 등을 생산하고 그것을 팔아 이익을 남기는 것을 목표로 합니다. 전자 제품을 만들어서 파는 한 회사의 회사원들이 어떤 일들을 하는지 살펴보도록 할까요? 이 회사의 직급 체계는 위로부터 대표이사(사장)-자문 위원(전무 이사, 상무 이사)-부장-차장-과장-대리-사원으로 나뉘어져서 각자 맡은 일들을 해 나가요. 사원 밑에는 따로 인턴사원을 두어 몇 개월간 임시로 근무하게 한 후에 근무 실적과 성실성에 따라 정사원으로 채용한다고 하네요.

건물로 들어서니 **기획관리부**가 먼저 눈에 들어옵니다. 이 부서는 회사 운영과 관계된 전 과정을 설계하고 집행하는 곳으로 회사의 본부라 할 수 있습니다. 옆을 보니 **영업부**가 있네요. 여기서는 회사에서 생산한 제품을 국내뿐 아니라 전 세계를 무대로 판매하는 일을 합니다. 이런 일을 전문적으로 하는 사람을 영업 및 판매관리자라고 하지요.

위층으로 가니 **인사관리** 및 **홍보부**가 있네요. 여기서는 신입 사원을 선발하고 능력 있는 사원을 승진시키는 일과 회사 및 제품 홍보 등의 일을 맡고 있어요. 그 외에도 수입과 지출, 원가 계산 등을 해서 연간 순이익이 얼마인지, 세금을 얼마 내야 하는지 등을 처리하는 회계사가 있는 **재무회계부**, 제품의 품질을 더 향상시키고 신제품을 개발하기 위해 다양한 분야의 연구원들이 일하는 **연구개발부** 등이 있습니다. 물건을 만들어서 파는 것에 참 여러 단계의 과정과 많은 사람들의 역할이 필요하지요?

그런가 하면 직원 수가 적은 소규모 회사들도 많이 있어요. 대기업이나 중소기업에 필요한 부품 등을 만들어 납품하는 회사들은 10인 이하의 소규모 회사로 운영하는 곳들이 많습니다. 이런 경우 한 사람이 여러 부서의 업무를 종합적으로 맡아 하는 셈이니 다재다능한 능력이 필요하겠죠?

1인 창업으로 성공한 사례도 있습니다. 사고자 하는 사람들, 즉 수요는 있는데 파는 곳이 많지 않다는 점을 포착해 한 여성이 온라인에 빅 사이즈 여성 쇼핑몰을 열었는데, 현재는 누적 고객 수가 몇백 만 명에 달하는 성공을 이룬 사례도 있다고 하네요. 이렇게 좋은 아이디어가 있다면 1인 창업을 꿈꿔 보는 것은 어떨까요? 만약 참신한 아이디어가 있는데 인터넷 쇼핑몰에 대한 지식이 없다면, **웹호스팅기획자**나 **웹디자이너**의 도움을 받으면 됩니다.

어느 곳에서 일하든 맡은 일에 대해서는 끝까지 완수하는 책임감, 사람들 간의 원활한 소통을 위한 의사소통 능력은 필수겠지요?

선생님 질문 있어요 !?

Q 중학교 2학년 남학생인데, 좋아하는 것도 게임이고 잘하는 것도 게임이에요. 게임 관련 분야에서 일하고 싶은데 어느 고등학교에 가야 할까요? 그리고 대학을 꼭 나와야 하는지도 궁금해요!

A 게임 관련 직업을 가지고 싶다고요? 많은 학생이 꿈꾸는 직업이기도 하지요. 게임 산업은 매출액 10조 원, 수출액 2,000억 원이 넘을 정도로 전체 콘텐츠 산업 수출액 성장을 주도하고 있답니다. 게임 한 편이 만들어지기까지의 과정을 함께 살펴보고 직업에 대해 알아볼까요?

게임기획자는 게임을 전체적으로 구성하고 기획하며 제작하는 일을 하는 사람입니다. 게임기획자는 최초 기획안 작성이 완료되면 게임시나리오작가와 게임의 주제 및 방법, 전체적인 이야기 전개를 결정합니다. 이 내용을 토대로 게임프로그래머가 게임의 구조를 설계하고, 사운드 효과와 그래픽 데이터를 통합해 프로그램을 완성하지요. 게임그래픽디자이너는 게임 속 등장인물과 배경을 디자인합니다. 대학교에서 디자인, 컴퓨터 그래픽 관련 학과를 전공하거나 웹디자인, 게임디자인 전문 교육기관에서 훈련을 받으면 된다고 해요.

온라인게임프로그래머는 게임의 구성 요소인 그래픽, 동영상, 음악 등의 객체들이 하나의 유기체로 실행될 수 있도록 생명력을 불어넣는 사람입니다. 근래에는 3D 온라인 게임이 대세여서 앞으로 경제적인 효과가 기대되는 분야랍니다. 만들어진 게임이 제대로 운영될 수 있도록 하는 사람도 필요하겠죠? 게임운영자는 서비스 전반에 걸친 모니터링으로 보다 좋은 품질을 위해

힘쓰는 사람이에요. 그러자면 게임 전반에 대해 이해할 수 있어야 합니다. 게임의 기획, 예산, 제작에서 마케팅까지 게임 개발의 전반적인 사항을 총괄하는 사람도 있습니다. 바로 게임개발프로듀서이지요. 또 게임캐스터는 게임 프로그램을 진행하는 진행자와 상황을 전달하는 캐스터의 역할을 합친 것이라고 보면 돼요. 정확한 발음이나 알맞은 발성 등 아나운서적 소양 역시 갖추어야 하겠지요?

이렇게 게임 관련 직업들은 실무 능력이 중요하므로 특별히 고학력을 필요로 하지는 않아요. 게임기획자의 경우에는 정해진 전공이 있지도 않고요. 사실 현직에서 일하는 게임기획자 중에 컴퓨터나 게임 관련 전문교육을 받지 않고 게임기획자로 일하거나 고등학교를 졸업한 후 기획자가 되는 경우도 있어요.

다만 게임 관련 공부를 하면 진출에 유리하다고 하니 대학이나 직업전문학교에서 게임프로그래밍 전공학과를 선택하면 도움이 될 수 있겠죠? 만약 좀더 일찍 진로를 정하고 싶다면 한국게임과학고등학교나 서울디지텍고등학교에 진학하는 것도 한 방법이에요.

어느 쪽을 선택하든 게임 관련 분야 역시 게임의 스토리를 기획하기 위해 다양한 역사적, 예술적 지식이나 새로운 아이디어를 창출할 수 있는 창의력이 필요합니다. 그러니 중학교 시기에 다양한 분야의 독서로 기본 소양을 다지는 기회를 놓치지 말았으면 좋겠어요.

14

더 나은 세상을 위해
국민과 소통한다

✝

정치인

>> 『평화를 꿈꾼 인권운동가 마틴 루터 킹』
권태선 지음 | 창비

여러분은 정치가 어떤 것이라고 생각하나요? '정치'란 넓게는 국가를 다스리는 것이고, 좁게는 사람들 사이의 의견 차이나 이해관계를 둘러싼 다툼을 해결하는 과정이라고 할 수 있습니다. 지구상에는 수많은 정치인이 있고 그중 어떤 사람은 영웅이나 위인으로 존경받지만, 또 어떤 사람은 부끄러운 이름으로 역사에 기록되기도 합니다.

여러분 역시 그동안 많은 위인의 삶을 보고 들어 왔을 것입니다. 그 가운데는 정치인도 있었겠지요. 역사에 이름을 남긴 위인들에게는 분명 남다른 점이 있습니다. 그런데 그 남다름이 타고난 '비범함'이나 '위대함'보다는, 인권과 평화라는 가치를 지키기 위한 '행동함'이었기에 사람들에게 감동으로 기억되는 사람이 있습니다. 인종차별이라는 미국 사회 부조리에 온몸으로 맞서 싸운 인권 운동가 마틴 루터 킹. 그는 흑인의 인권 회복을 위해 자신의 삶을 바쳐 싸운 인권 운동가이며 정치인이었습니다.

마틴 루터 킹이 국회의원이나 대통령처럼 관직에 있었던 것은 아니지만, 그가 미국과 세계 역사에 끼친 영향을 생각하면 그를 '정치인'이라고 부르는 데 무리가 없을 것입니다. 그는 모든 공공시설에서의 인종차별을 불법화한 민권법(1964년), 흑인들의 투표권을 보호하기 위한 투표권법(1965년) 등으로 흑인이 평등한 지위를 획득하고 인권을 회복하는 데 많은 영향을 끼쳤습니다.

특히, 마틴 루터 킹 목사는 근본적으로 잘못된 흑인과 백인의 관계를 바로잡기 위해 인종 간의 화해를 역설하면서 잔인한 폭력에 비폭력으로 저항하기를 주장했습니다.

"자유를 얻으려면 피를 강물처럼 흘려야 할지도 모릅니다. 그러나 그 피는 반드시 우리의 피여야 합니다."라고 한 간디의 비폭력 불복종 정신을 미국의 흑인 인권 운동에 행동으로 실천한 것이지요. 마틴 루터 킹은 백인을 적으로 여기지 않고 인종 간의 화해를 통해 문제를 해결하려 했던 평화주의자였습니다. 그렇기에 그는 죽어서도 많은 사람들의 존경을 받고 있는 것입니다.

흑인과 백인을 가르는 사회, 경제적 격차, 그리고 정치적 차별 철폐를 위해 온 삶을 바친 킹 목사의 정신과 행동은 정치인들은 물론 현대를 살아가는 우리에게 귀중한 교훈을 전해 줍니다. 그가 왜 '훌륭한 정치인'이고, '평화를 꿈꾼 인권 운동가'라는 아름다운 이름에 어울리는 인물인지, 그의 고단하지만 숭고했던 삶 속으로 떠나 볼까요?

킹 목사는 대통령의 말에 몹시 기뻤습니다. 대통령이 보낸 법안이 실제로 법이 되기 위해서는 의회에서 통과되어야 했으므로 그는 민권법의 의회 통과를 위해 계속 압력을 넣어야겠다고 생각했습니다. 그것을 위해 워싱턴에서 커다란 집회를 갖기로 결정했습니다.

아침 열 시가 되었을 때 이미 킹 목사가 예상했던 10만 명을 훨씬 넘는 사람들이 광장을 가득 메웠습니다. 한낮이 되자 25만 명이 넘는 사람들이 민권법의 통과를 호소하며 워싱턴 거리를 행진해 링컨기념관 앞 큰 광장에 모였습니다. 이것은 미국 역사상 가장 큰 규모의 행진이었습니다.

"백 년 전 한 위대한 미국인이 노예해방을 선언했습니다. 그 선언은 오랫동안 불평등에 시달려 온 이 땅의 수백만 흑인 노예들에게 커다란 희망의 빛이 되었습니다. 그러나 그 후 백 년이 지난 지금도 우리는 흑인들이 아직 자유롭지 못하다는 비극적 현실에 직면해야만 합니다. 백 년이 지난 지금도 흑인들은 여전히 인종 분리와 차별의 사슬 아래 신음하고 있습니다. 백 년이 지난 지금도 흑인들은 물질적 풍요가 넘치는 바다 한가운데 가난한 섬으로 남아 있습니다. 백 년이 지난 지금도 흑인들은 미국 사회의 한구석에서 시들어 가고 있으며 자신의 땅에서 버림받은 상태에 있는 것입니다."

쩌렁쩌렁 울리는 킹 목사의 목소리에 압도된 사람들은 그의 다음 말을 귀담아듣기 위해 모두 숨을 죽였습니다.

"여러분, 저는 지금 우리가 겪고 있는 어려움과 좌절 속에서도 하나의 꿈을 갖고 있습니다. 그것은 미국의 꿈에 깊이 뿌리박힌 꿈입니다. 어느 날 이 나라 국민 모두가 '모든 인간은 평등하게 태어났다는 진리를 자명한 것으로 믿는다.'고 한 헌법 구절의 진정한 의미에 충실하게 살아갈 날이 올 것이라는 꿈을 갖고 있습니다. 어느 날 조지아 주의 붉은 언덕에서 옛 노예의 자손들과 옛 주인의 자손들이 형제애의 탁자 앞에 함께 앉아 있을 수 있으리라는 꿈을 갖고 있습니다. 어느 날 불의와 억압의 기운으로 가득 찬 미시시피 주조차도 자유와 정의의 오아시스로 변화되리라는 꿈을 갖고 있습니다. 나의 네 어린 자식들이 그들의 피부 빛깔이 아니라 그들의 인품으로 평가받을 수 있는 날이 오리라는 꿈을 갖고 있습니다.

이것이 우리의 희망입니다. 이것이 내가 남부로 가지고 돌아갈 믿음입니다. 이러한 믿음을 가지고 우리는 절망의 산에서 희망의 돌을 골라낼 것입니다. 이러한 믿음을 가지고 우리는 우리 국민들 사이의 불화를 아름다운 형제애의 조화로 변화시켜 나갈 것입니다. 이러한 믿음을 가지고 우리는 함께 일하고, 함께 싸우며, 함께 기도하고, 함께 감옥에 가며, 함께 자유를 찾을 수 있고 그리하여 어느 날 우리 모두가 함께 자유로워질 것임을 믿습니다."

킹 목사는 청중들의 환호와 박수갈채가 진동하는 속에 연단을 내려왔습니다. 청중들 중 어떤 사람은 그의 연설에 감동한 나머지 울음을 터뜨리기도 했습니다. 이전에 서로 전혀 모르던 흑인 여성과 백인 여성이 감격의 포옹을 하기도 했습니다. 그곳에 있던 한 영국 기자는 자신이 들어 본 연설 가운데 가장 감동적인 것이었다고 기사를 썼습니다. 그의 연설로 집회는 큰 성공을 거둔 것입니다. 집회가 끝난 후 케네디 대통령은 킹 목사를 백악관으로 초대했습니다. 케네디 대통령은 그가 점심도 거른 채 그토록 감동적인 연설을 했다는 사실을 알고는 직접 백악관 주방장에게 음식을 챙기도록 해 이 위대한 흑인 지도자와 함께 식사를 했습니다.

그에게 1963년은 승리의 해였습니다. 무엇보다도 먼저 버밍햄에서 승리를 거뒀고 워싱턴에서도 민권운동에 길이 남을 정도로 훌륭한 성과를 거두었습니다. 이듬해 초 미국의 유명한 시사 잡지 〈타임〉이 그를 '올해의 인물'로 뽑을 정도였습니다. 이 잡지에 올해의 인물로 뽑힌다는 것은 그가 그해 세계에서 가장 큰 영향력을 행사한 사람임을 뜻하는 것입니다.

* * *

1967년 12월, 그는 역사의 십자로에 서 있는 미국이 올바른 길을 선택하는 것이 무엇보다 중요하다며 이듬해 4월에는 강력한 시민 불복종 운동을 펼쳐 나가겠다는 계획을 밝혔습니다. 존슨 대통령을 중심으로 한 미국의 정치 세력에게는 이러한 그의 태도가 여간 성가시지 않았습니다. 킹 목사에 대한 암살 위협이 줄을 이었고 백인 우월주의 자들은 그의 목에 현상금을 걸기도 했습니다.

킹 목사 자신도 위험이 다가오고 있음을 느꼈습니다. 그러나 그러면 그럴수록 더 열심히 자신의 일을 하였습니다. 1968년 2월 4일, 그의 아버지가 목사로 있었고 자신도 목사로서 경험을 쌓은 고향 애틀란타의 에버니저 교회에서 킹 목사는 자신의 죽음에 관한 설교를 했습니다. 그는 마치 자신의 죽음을 예감하는 사람처럼 말했습니다.

"내가 죽거든 나를 위해 긴 장례를 할 생각은 하지 마십시오. 긴 조사(죽은 사람을 기리는 글)도 말아 주십시오. 또 내가 노벨상 수상자라는 것과 그 밖에 3백여 개의 상을 탄 사람이라는 것도 말하지 마십시오. 그것은 하나도 중요한 것이 아니니까요. 나는 그날 마틴 루터 킹이 다른 사람을 위해 살려고 노력했고 다른 사람들을 사랑하려고 했으며 전쟁에 대해 올바른 입장을 취했다는 평가를 받고 싶습니다. 또 배고픈 사람들에게 먹을 것을 주고 헐벗은 사람들에게 입을 것을 주기 위해 애썼으며 인간다움을 지키고 사랑하기 위해 몸 바쳤다고 기억될 수 있었으면 합니다."

그의 설교를 듣는 사람들의 가슴엔 슬픔이 강물처럼 일렁였습니다. 20대의 어린 나이로 흑인들의 인권을 지키기 위해 투쟁해 온 그의 삶이 사람들 눈앞에 연속 사진처럼 지나갔습니다.

읽고 나서

1. 킹 목사가 끊임없는 목숨의 위험 속에서도 묵묵히 자신의 길을 갈 수 있었던 원동력은 무엇이었는지 본문에 제시된 두 개의 연설문을 토대로 말해 봅시다.

2. 킹 목사의 연설문을 통해 정치인이 갖추어야 할 덕목에는 어떤 것이 있을지 생각해 봅시다. 또 여러분이 알고 있는 정치인 중에 이러한 덕목을 고루 갖춘 정치인이 있다면 친구들에게 이야기해 봅시다.

• 정치인에게는 나의 이익만이 아니라 _____

_____

• 자신의 평안과 행복보다는 _____

_____

• 부당한 권력에 맞서 _____

_____

• 가난, 차별 등 사회적 불평등으로 사람들이 고통받지 않도록 _____

_____

• 빈민, 장애인, 이주노동자, 성소수자 등 _____

_____

• 인권과 평화의 가치를 소중히 여기고 _____

_____

내가 존경하는 정치인 :

3. 여러분이 생각하는 이상적인 사회는 어떤 모습인가요? '나는 꿈이 있습니다.'라는 제목으로 여러분이 꿈꾸는 사회의 모습을 그려 봅시다.

나는 꿈이 있습니다.

4. 다음은 독일의 베르너 페니히 교수가 김대중 대통령을 만난 후 쓴 글입니다. 이 글을 읽고 다른 사람들에게 영향을 끼치고 사회를 바꾸어 나가려는 사람이 갖추어야 할 태도에 대해 생각해 봅시다.

> 방문객을 맞은 김대중 대통령은 정신을 완전히 집중시킨 다소 긴장된 모습이었고 정세를 잘 파악하고 있었다. 두 달 전에 가택 연금이 해제되었으나, 그에 대한 감시는 그대로 유지되고 있었다. 우리는 한국과 독일의 정세, 하버드대학 시절에 알던 지인들, 그리고 사형과 구금으로부터 그를 보호하려고 한 국제사면위원회의 노력들에 대해 이야기를 나누었다.
> 김대중 대통령의 미소는 다른 사람들의 마음을 사로잡는다. 그는 상대방의 말을 주의 깊게 경청하고, 대화할 때 상대방에게 감정을 이입하는 능력을 가졌다. 그의 에너지, 의지력, 관심, 그리고 박학다식함은 경탄을 자아낸다. 측근들은 힘겨운 준비 작업을 하고 해외로 장시간 비행기 여행을 하면 현지에 도착할 때쯤에는 너무나 피곤하고 시차 적응도 힘들었다고 한다. 그런데 정작 김대중 대통령은 쾌활하고 활력이 넘치며 도착한 후에는 언제나 곧바로 회의를 가졌다는 것이다.

김대중 대통령은 상대방을 잘 배려하고 호감을 주며 풍부한 유머 감각을 가지고 있지만 자기 자신에 대해서는 언제나 엄격하다. 그리고 때로 다른 사람들에 대해서도 엄격한 면모를 보이기도 한다. 그는 부드러움뿐 아니라 강한 면모도 갖추었다. 그가 최종적으로 발언을 하면 더 이상 토를 달 수 없다고 한다. 한국의 전직 외교관 중 한 사람은 김대중 대통령은 황제처럼 옥좌에 앉아 명령을 하달하는 인상을 준다고 말하기도 했다.

『김대중 대통령과의 만남』(한림) 중에서

5. 여러분이 만일 국회의원, 시장(또는 도지사), 대통령에 당선되었다고 가정하고 가장 먼저 펼치고 싶은 정책 한 가지를 써 보세요. 그리고 왜 그 정책을 펼치고 싶은지 이유를 간단히 써 봅시다.

내가 만약 ○○○이라면?

국회의원	펼치고 싶은 정책 : 이유 :
시장 (또는 도지사)	펼치고 싶은 정책 : 이유 :
대통령	펼치고 싶은 정책 : 이유 :

겨레의 큰사람 김구

신경림 지음 | 창비

백범 김구 선생은 민족의 영원한 스승이자 지도자라고 일컬어진다. 이 책은 일제강점기 황해도 해주에서 태어나 불타는 애국심을 갖고 자라난 어린 시절부터 조국의 독립을 위해 한평생을 바쳤던 선생의 일생을 전한다. 상하이 임시정부의 주석으로서 독립을 위해 노력하고, 해방 이후에는 남북 분단을 막고 통일된 자주독립 국가 건설을 외치던 그의 삶을 통해 사익보다 나라를 먼저 생각한 정치인의 모습을 발견할 수 있을 것이다.

청소년, 정치의 주인이 되어 볼까?

이효건 지음 | 사계절

청소년들이 민주주의를 쉽게 이해할 수 있도록 무엇이 민주적인 행동이고, 그것에 어떤 의미가 있는지 생활 속의 예를 통해 알려 주는 책이다. 정치의 기능, 민주주의의 의미, 권력분립의 원칙, 선거 제도의 종류, 언론 자유, 헌법의 원칙, 기본권의 내용, 국가 기관의 구성과 역할 등을 풀이하고 있다. 또한 '청소년의 정치 참여'처럼 민주주의를 위해 청소년으로서 어떻게 행동해야 하는지에 대해서도 쉽게 설명하고 있다.

아테네의 아크로폴리스

정치인이란 한마디로 나라를 다스리는 일을 하는 사람입니다. 나라를 다스리기 위해서는 국민들이 인간다운 삶을 살 수 있게 하고 국민들의 서로 다른 이해관계를 조정하며, 사회질서를 바로잡는 등의 역할을 해야겠죠? 현대 민주국가에서 정치인은 교실에서의 학급정부회장 선거처럼 국민의 투표를 통해 선출됩니다. 우리나라의 경우는 국회의원 선거에서 국민 투표를 통해 당선되면 **국회의원**이 된답니다. **대통령**도 국민투표를 통해서 선출됩니다. 대통령의 정식 신분은 선출직 공무원이지요.

정당은 정치적 의사가 비슷한 사람들끼리 만든 집단이랍니다. 일단 정당이 만들어지면 **정당당원**(정당 활동에 참여하는 구성원)들은 대통령이나 국회의원 선거, 지방자치단체장 등의 선거가 있을 때 자기가 속한 당의 당원 중에서 후보자를 추천하기도 하는데, 이것을 '공천'이라고 해요. 정당들의 궁극적인 목적은 정권을 얻는 것인데 대통령을 배출한 정당을 여당이라고 하고, 여당을 견제하며 정치 활동을 펼치는 나머지 당들을 야당이라고 합니다.

　국회의원들 중에는 소속 정당 없이 활동하는 무소속국회의원들도 있습니다. 정당 활동은 국회의원들만 할 수 있는 것이 아니고 국회의원 선거권이 있는 자는 누구든지 할 수 있으므로 여러분들도 만 20세가 넘으면 정당을 만들거나 당원이 될 수 있답니다.

　이번에는 우리 지역사회에서 지방선거를 통해 선출되는 직업인들을 살펴볼까요? 우리 지역에도 지역의 중요한 일을 의논하고 결정하는 지방의회와 지역의 살림을 맡아 하는 **지방자치단체장**이 있답니다.

　도의 지방의회 의원은 **도의원**, 지방자치단체장은 **도지사**이듯이 시에는 **시의원과 시장**, 구에는 **구의원과 구청장**, 군에는 **군의원과 군수**가 있어요. 지방자치단체 중 시, 군, 구를 기초자치단체라 하고 도와 특별시, 광역시를 광역자치단체라고 합니다. 그래서 시장, 군수, 구청장을 통틀어 **기초자치단체장**이라 하고 도지사, 서울특별시장, 부산광역시장 등을 통틀어 **광역자치단체장**이라고 부르지요.

　정치인이 되기 위해 필요한 전공이나 학력 등의 규정은 없습니다. 국민과 소통할 줄 아는 능력, 정책을 실현하는 과정에서 문제점을 극복하는 인내심, 협동심 등은 기본이고 투표에 의해 선출되는 직업이므로 선거 자금을 조달할 수 있는 경제적 능력도 있어야겠지요?

선생님 질문 있어요 !?

Q 저는 중학교 2학년 학생이에요. 곧 3학년이 되는데 아직 진로에 대해 생각해 본 적이 없어요. 당연히 미래에 대한 계획 같은 것은 세워 본 적도 없고요. 잘하는 것도 없는 것 같고 선생님도 저만 미워하는 것 같아서 짜증 나요. 이제는 학교에 가기도 싫어요. 그런데 한편으로는 제 인생이 이대로 지나가 버리는 건 아닐까 싶어서 걱정이 되기도 해요.

A 아직 진로에 대해 생각해 본 적이 없다고 했는데, 자신의 이야기를 털어 놓는 것 자체가 그동안 많은 고민을 한 흔적이랍니다. 선생님도 학교도 싫다고 하면서 친구들 싫다는 얘기는 없는 걸 보면, 그래도 친구들 때문에 힘을 얻고 있지 않을까 싶어요.

잘하는 것이 없다고 했는데 잘하는 것이 없는 게 아니라 아직 찾지 못한 걸 거예요. 누구나 잘하는 것 하나쯤은 다 가지고 있거든요. 다만 그것을 언제, 어떻게 찾느냐가 사람마다 다를 뿐이죠. 중학교 시기에 진로를 꼭 결정해야만 하는 것은 아닙니다. 여러 분야에 대한 가능성을 열어 두고 흥미를 느끼는 분야를 탐색하며 경험해 보는 것으로도 충분해요. 어떤 분야에 관심이 가는지, 이제부터 한번 마음먹고 찾아보는 것은 어떨까요?

어떤 일을 했을 때 기분이 좋았나 생각해 보는 것도 좋은 방법입니다. 그리고 그 행복을 느끼는 일들을 하는 거지요. 그것이 물론 공부가 아닐 수도 있습니다. 아주 사소한 일들일 수도 있고요. 이렇게 날마다 일상 속에서 작은 행복들을 하나씩 쌓아 가는 것이 중요해요. 실제로 사회적으로 성공한 많은 이들이 '하고 싶은 일이 있으면 기다리지 말고 그때그때 하라.'고 조언하고 있답니다. 행복이라는 건 많은 걸 참았다가 한 번에 크게 느끼는 것이 아니니까요. 이렇게 평소에 작은 재미나 기쁨을 느끼는 일들에서 진로의 실마리를 찾을 수도 있습니다.

그리고 또 하나! 커다란 목표가 아니라 내가 할 수 있는 작은 목표를 세워 보세요. '5분 일찍 일어나기, 하루에 책 한 쪽 읽기'처럼요. 그렇게 조그마한 일들에서 성공을 경험하다 보면 자신이 좋아하는 것이 어떤 것들인지도 찾을 수 있고 자신감도 생길 거예요. 자, 이제 노트를 펼쳐서 하나씩 적어 볼까요?

15

방송으로 세상을
변화시키는 짜릿함

† PD

>> 『확장하는 PD와의 대화』
홍경수 지음 | 사람in

책 소개

여러분이 즐겨 보는 텔레비전 프로그램은 무엇인가요? 혹시 드라마 〈겨울연가〉나 〈대장금〉 이야기를 들어 본 적이 있나요? 여러분이 어릴 때 했던 프로그램이라 잘 모를 수도 있지만, 한류 열풍의 시초가 된 프로그램들이랍니다. 예능 프로그램 〈1박 2일〉이나 음악 프로그램 〈열린 음악회〉도 장수 프로그램으로 유명하지요. 이러한 드라마나 방송 프로그램은 누가 기획하고, 또 만드는 과정을 지휘하는 것일까요? 바로 PD입니다.

'PD'는 프로듀서(producer)를 줄인 말로 연극, 영화, 방송 등에서 기획, 제작에 종사하는 사람을 가리키는 말입니다. 자신의 철학에 따라 수많은 작품이나 아이디어를 선택하고 재해석해 드라마, 영화, 방송 등을 제작할 수 있다는 것은 생각만 해도 신 나는 일이 아닐까요?

이 책은 전직 PD였고 지금은 대학교수인 저자가 주철환, 송창의, 최승호, 윤석호, 이영돈, 박해선, 이병훈 등 지상파 PD로 시작해 한국 방송의 예능, 시사, 교양, 드라마, 쇼 분야에서 한 획을 그었다고 평가받는 PD들과 인터뷰한 내용을 담고 있습니다.

PD의 이름만 들어서는 잘 모르겠지만 〈뽀뽀뽀〉의 송창의 PD, 〈PD수첩〉의 최승호 PD, 〈겨울연가〉의 윤석호 PD, 〈대장금〉의 이병훈 PD, 이렇게 말하면 '아, 그 프로그램을 만든 분!' 하고 알아차리는 친구들도 있을 것입니다.

저자는 이들 일곱 명 PD와의 인터뷰를 통해 그들의 무엇이 시청자의 마음을 사로잡았는지, 성장 과정에서부터 연출 스타일, 철학은 물론이고 다양한 에피소드를 소개하며 그들의 화려한 이미지 뒤에 감추어진 고민과 어려움, 직업인으로서의 삶을 들려줍니다. 또한 그들이 생각하고 만들어 가는 미디어 문화에 대한 희망을 전하지요. 그들이 만든 프로그램들이 여러 분야에서 이른바 '대박'을 터트린 비결은 무엇이고 창의력의 원천은 어디에 있는지, 또 PD가 가져야 할 마음 자세는 어떤 것인지를 함께 느낄 수 있습니다.

여러분은 'PD' 하면 화려하고 멋있는 직업이라고 막연히 생각하고 있지는 않나요? PD는 그 화려함 뒤에 끊임없는 노력과 땀을 필요로 하는 직업입니다. 독서를 통한 자기 연마와 다양한 경험, 끊임없는 혁신의 과정을 거쳐야 시청자들에게 인정받는 프로그램을 만들 수 있는 것이지요.

한국 방송을 세계의 문화로 만들어 가고 있는 7인의 PD들이 들려주는 이야기를 따라가다 보면, 그들의 빛나는 상상력과 창의력, 도전 정신을 만날 수 있을 것입니다.

책 속으로 >> 『확장하는 PD와의 대화』

Q 이런 언어 명상이 창의력의 원천인가요?

A '외로움의 역에 오래 머물지 말고 그리움의 역으로 빨리 가라.' 는 말이 있는데, 지독한 외로움이 창의력의 원천이라고 봐요. 최근 저의 성장 과정을 궁상스럽게 설명하고 있는데, 저는 여섯 살 때 어머니가 돌아가셨고, 가난한 집 아이였으며, 아버지는 가정에 무심했어요. 원망은 안 해요. 아버지를 싫어했던 거죠. 아버지의 부재가, 결핍이 창조의 원천이 된 거예요. 느닷없이 형제들과 생이별하고 서울 고모 댁에서 살았는데, 고모님은 초긍정주의자였죠. 고모님은 외상 장부가 없었어요. "외상 안 적어요?" 물으면 "내 기억력이 비상하데이." "누락되는 것이 있을 텐데." "그럼 그 사람이 축복받은 거지." 그런 낙관주의를 물려받은 거예요.

계속 고모님하고 살았잖아요. 잡화상을 하셨는데 신문지가 쌓여있었어요. 읽을 게 없으니 매일 신문지를 읽은 거죠. 신문에는 스토리, 권선징악이 들어 있죠. 영화 포스터 등을 보며 상상력을 키우고 세상을 읽은 겁니다. 고모님이 라디오를 많이 들어서, 저도 음악을 많이 들었죠. 살아 있는 대중음악의 역사라고 자부할 수 있어요. 비교육적일수 있다는 전제하에, 책을 대하는 태도를 갖고 있어요. 책 제목을 보면서 생각을 많이 합니다. 언어의 뿌리를 찾아서, 이것이 어린 시절부터 오래된 습관이죠.

Q 어떤 원리를 바탕으로 새로운 시도를 계속하셨나요?

A 예를 들어서 저기 건물을 보면, 저건 MBC이고 이건 YTN이고, 또 저건 동아일보로 건물이 다 다르잖아요. 건축가는 건물의 특성에 맞게 설계를 하고, 미적인 감각을 동원해서 외부 설계를 하죠. 그런데 안에 들어가 보면 인테리어가 다 다르죠. 지금은 건물이 다 올라가 있지만 몇 달 전만 해도 아무것도 없는 평지였거든요.

그런데 아무것도 없는 그 시점에도 아무것도 안 한 게 아니라 열심히 땅을 판 거거든요. 기초공사를 한 거죠. 건물이 아무리 미학적으로 다르다고 해도 땅을 파는 건 똑같거든요. 이 시절이 없으면 그 위로 건물이 올라갈 수 없잖아요. 이렇게 땅을 파는 것이 인문이고, 기초공사를 하는 것이 인문에 투자하는 시절이라고 생각하고 있어요. 이 시절이 없으면 건물이 올라갈 수 없는 것처럼, 자기만의 세계를 구축할 수 없는 거죠. 저는 이렇게 많이 보고, 많이 듣는 게 결국 창의성을 키우는 데 가장 필요한 직업이라고 생각해요.

Q KBS에 다시 와서 하셨던 프로그램들은 뭔가요?

A 다시 와서 맨 처음 한 게 〈민스크노보르시스크, 북북서로 돌려라〉예요. 구소련 항공모함이 있는데, 소련이 붕괴되면서 기름을 넣지

못해 운항을 못하고 있었죠. 그래서 한국 영유통에서 구입했어요. 노하우가 엄청났거든요. 한번 해체하면 항공모함을 만드는 데 15년에서 20년 걸리는 시간을 10년으로 단축시킬 수 있는 거예요. 그래서 일본하고 중국에서 엄청난 반대를 한 거죠.

외교전에 대한 취재를 하기 위해 러시아 블라디보스토크로 갔는데, 그 항공모함이 두 시간 떨어진 곳에 정박되어 있다는 거예요. 제 성격상 그거를 안 찍고 넘어가면 프로그램이 안 될 것 같았죠. 그래서 영유통 회장에게는 다른 취재 때문에 간다고 하고 카메라맨과 저, 코디 세 명만 비행기를 타고 갔죠.

어디서 들은 것처럼 200달러를 줄 테니까 촬영하게 해 달라고 했죠. 그랬더니 경비가 호의적으로 나오는 거예요. '됐구나! 역시 돈이면 다 되는구나.'라고 생각했는데, 20분쯤 후 KGB가 오더니 잡아가더라고요. KGB에 잡혀갈 때도 카메라맨에게 뒤에서 찍으라고 말했거든요. 이 테이프는 외교 경로를 통해서 들어왔어요. 이 방송은 동북아 평화를 위해 하는 거지, 다른 의도는 없다며 테이프를 돌려 달라고 요청했죠. 그래서 방송 나가기 전날에 테이프를 받게 된 거예요.

제가 잡혀가는 화면은 방송 맨 뒤 에필로그로 넣어 '이런 외교적인 노력 끝에 호의적으로 테이프를 받을 수 있었다.'라는 자막을 넣어서 방송했어요. 그 뒤부터 카메라맨은 저랑 촬영을 안 가려고 하더라고요.

윤석호 PD, 장소가 말을 걸고, 스토리를 건넨다

Q 다중지능 쪽에서는 이미지로 사고하는 능력이나 공간에 대한 감각을 이야기합니다.

A 그런 게 있어요. 제가 장소를 보면 장소가 나한테 말을 건다, 나한테 스토리를 건넨다, 그런 게 있어요. 그 장소에서 꼭 찍고 싶다. 이를테면 청산도에 갔다가 보리밭을 보고 나서 '아 보리밭, 숨바꼭질, 숨으면……' 보리밭이 5월 어버이날쯤 무게가 있을 때 움직임이 좋더라고요. 그때 막 그 콘셉트에 대해 생각하는 거죠. '숨바꼭질', '보이지 않아도 있다.', '사랑은 보이지 않아도 있다.', '이 친구들이 헤어지지만 결국 사랑하는 마음은 변하지 않는다.' 하면서 청산도가 그들의 사랑의 시작인 장소다, 숨바꼭질도 시작이 되는…….

Q 중요한 모티브가…….

A 그렇죠. 청산도 보리밭에서 시작이 되는 테마가 딱 떠오르는 거죠. 숨바꼭질 장면을 찍고 성인이 돼서 그 숨바꼭질했던 보리밭에서 서로를 확인하는 과정을 겪고, 엔딩까지 다 생각해 놓는 거거든요. 여기서 나중에 살면서 둘이 만났으면 좋겠다, 그 장소 보고 이미 엔딩 신까지 생각이 드는 거죠.

〈가을동화〉 때도 헌팅 다니다가 속초에서 갯배를 보고서 '야, 저거 참 신기하다.' 태어나서 처음 봤어요. 그냥 거기서 딱 떠오른 게 배를 타고 서로 지나가는 이미지였어요. 배 신 같은 경우에는 촬영이 시작되면 너무 바빠서 정상적으로 찍을 수 없을 것 같았죠. 그래서 타이틀을 찍는다고 배우들을 데리고 갔어요. 대본도 아직 안 나온 상태에서 갯배에서 이렇게 앉는 순간에, 항상 스쳐 지나가는 오빠 동생인데 모르고 스쳐 지나가는 장면, 이런 장면이 항상 필요하잖아요? 그때는 하루 종일 그 장면만 찍어도 되니까, 그 장면을 찍어서 작가한테 보여 주면서 "이걸 넣어 달라."고 했죠.

어떤 공간에서 중요한 의미를 갖는 만남을 저는 좀 많이 찍어요. 하이라이트 신 같은 건 헌팅 다니면서 약간 하이라이트가 될 것 같은 이미지들을 생각해 놔요.

최승호 PD, 신화를 깨고 진실을 두드리다

Q 그러면 본인이 판단하실 때 본인의 적성이 시사교양 프로그램과 맞는다고 생각하시나요?

A 저는 잘 모르겠다는 그런 생각도 드는데, 제 적성에 맞는다고 얘기하는 것은 교양 피디를 하면서 제가 모르는 사회를 알 수 있다는 그 즐거움이 굉장히 중요하게 작용한 것은 아닌가 하는 생각이 들어요. 일단 굉장히 즐거워요. 그다음에 제가 어떤 것들을 알고 표현한다는 즐거움이 있죠. 세상의 어떤 면을 가져다가 재구성하고, 그걸 제가 생각하고 받아들인 후 나름대로 형상화해서 사람들에게 보여 주는 과정 그 자체가 굉장히 즐겁죠.

이 부분이 기자들하고 조금 다른 부분이죠. 알아 간다는 건 비슷하지만 기자들은 어떻게 보면 엑기스만 딱 뽑아서 텍스트로 던진다고 하면, 피디들은 형상화하는 과정이라는 다른 요소가 들어가잖아요? 이런 것도 즐거움이죠.

내가 만든 프로그램이 방송에 나갔을 때, 그리고 실제로 현실에 영향을 줬다고 느끼는 것이 본질적으로 굉장한 즐거움이죠. 이게 가장 핵심이에요. 그런 부분들이 저한테 즐거움으로 작용한다는 거죠. 프로그램을 제작하는 과정에서는 고난도 많아요. 힘든 것은 물론이고, 별의별 일들이 다 있어요. 그런 힘든 부분들이 있음에도 불구하고, 그런 것을 다 이겨 내고 프로그램을 만들어 방송을 한다, 방송되는 프로그램을 통해 현실이 변화하는 과정을 지켜볼 수 있다는 것, 그 뒤에 다시 새로운 것을 찾아서 갈 수 있다는 점에서 결국은 제가 생각할 때 시사교양 프로그램이 적성에 맞는 것 아닌가, 그렇게 생각하죠.

읽고 나서

1. 앞의 글에서 주철환 PD와 송창의 PD의 창의력은 어디에서 비롯된 것인지 찾아봅시다.

- 주철환 :

- 송창의 :

2. 이영돈 PD, 윤석호 PD, 최승호 PD가 프로그램을 만들 때의 태도는 각각 어떠한가요? 또 이들의 공통점은 무엇인가요?

- 이영돈 :

- 윤석호 :

- 최승호 :

- 공통점 :

3. 다음은 PD들이 말하는 'PD가 갖추어야 할 자질'입니다. 자신은 이러한 일에 어느 정도 흥미가 있는지 말해 봅시다. 그리고 이외에도 PD가 갖추어야 할 자질에 또 어떤 것이 있는지 생각해 봅시다.

흥미도	매우낮음 ↔ 매우높음				
다른 사람의 마음을 움직이고 훔치는 재주가 있다.	1	2	3	4	5
정신문화를 만드는 작가의 역할을 수행해야 한다.	1	2	3	4	5
전문가들을 한데 묶는 전문가가 되어야 한다.	1	2	3	4	5
새롭고 흥미롭고 공감을 주는 프로그램을 기획해야 한다.	1	2	3	4	5
사회 구성원이 꼭 알아야 하는 진실을 파헤쳐야 한다.	1	2	3	4	5

일에 대해 자신이 갖고 있는 기준의 일관성을 유지해야 한다.	1	2	3	4	5
남들이 안 된다고 할 때도 할 수 있다는 믿음이 필요하다.	1	2	3	4	5
자신이 본 것을 다른 사람과 교감하는 몽상가가 되어야 한다.	1	2	3	4	5
	1	2	3	4	5

4. 다음은 다양한 분야의 PD를 소개한 말입니다. 여러분이 가장 관심 있는 분야의 순위를 정해 본 후, 그 분야의 프로그램을 간단히 기획해 봅시다.

- 드라마 PD : 생의 본질을 탐구하는 속 깊은 관찰자　　　　　　( )
- 문화 다큐멘터리 PD : 우주에서 온 스파이　　　　　　( )
- 자연 다큐멘터리 PD : 하늘을 지붕 삼아 땅을 이불 삼아　　　　　　( )
- 코미디 PD : 끼 많고 별스러운 '또라이'　　　　　　( )
- 토크쇼 PD : 아는 것도 뒤집어 보는 꼼꼼한 친구들　　　　　　( )
- 라디오 교양 PD : 정보의 바다를 탐험하는 조타수　　　　　　( )
- 라디오 음악 PD : 넓고 얇게 사랑해야 하는 숙명　　　　　　( )
- 영화 전문 PD : 영화, 영화인, 관객을 잇는 따뜻한 문화 운동가　　　　　　( )
- 애니메이션 PD : 사람을 홀리는 마법의 세계　　　　　　( )
- 외화 PD : 내 손끝에서 수백만 달러가 움직인다　　　　　　( )

『PD가 말하는 PD』(부키) 중에서

▶ 프로그램 기획에서 고려할 사항 : 분야, 기획 의도, 시청(청취) 대상, 방송 시간, 출연자(진행자), 촬영 장소, 주된 내용

5. 다음 글을 읽고 방송 프로그램의 상품성과 공공성의 관계에 대해 친구들과 이야기를 나누어 봅시다.

tvN의 '꽃보다~' 시리즈 〈꽃보다 할배〉·〈꽃보다 누나〉가 유통 업계를 들썩거리게 하고 있다. 언론 보도에 따르면 작년 같은 기간에는 팔리지 않던 스페인 완전 일주 상품이 '완판'되는 등 시장에 미치는 파괴력이 상당하다고 한다. 이는 프랑스, 이탈리아 중심의 유럽 여행 판도를 바꿔 놓고 있으며, 쇼핑과 검색에서 '스페인'이라는 키워드를 급부상시키는 효과로도 이어지고 있다. 전쟁 속 폐허로만 기억되던 크로아티아, 중국 변방의 외딴섬 정도로만 취급되던 대만을 선망의 대상으로 탈바꿈시킨 마법이 또다시 나타나고 있는 것이다. '꽃보다' 시리즈는 신선한 소재로 시청자들에게 사랑을 받았다. 특히 그동안 우리 사회에서 배제되어 있던 할아버지들을 우습게 만들지 않으면서도 예능의 주인공으로 불러낸 것에는 경의를 표할 만하다. 그로 인해 우리에게 생각해 볼 만한 거리를 던져 주고 있다.

그런데 이러한 찬사에 앞서 깊은 우려를 가지게 되는 것은 필자만의 직업병인가. '꽃보다' 시리즈의 파급 효과에 대해 기뻐하기만 해도 좋을까. 우려는 이러하다. '꽃보다' 시리즈는 말 그대로 한 편의 여행 광고를 연상시킨다. 유튜브에서 흔히 만나는 스토리가 있는 마케팅 광고와 전혀 다를 바가 없다. 거기에 스타가 있고 이슈가 있으니 더욱 큰 파장이 형성되는 것은 당연하다.

또한 '꽃보다' 시리즈는 프로그램 그 자체보다 그로 인한 부수적 효과를 더 우선적으로 고려한 기획이라는 인상을 지울 수 없다. 그들이 찾아가는 여행지는 유독 대중적 인기를 누리지 못하고 있는 곳이며, 이는 새로운 수요를 창출하고 있다. 모 기업의 여행사와 홈쇼핑은 그로 인한 긍정적인 효과를 누리고 있을 것이며, 이는 프로그램 광고와는 다른 차원에서 이윤 창출에 직접적으로 기여하고 있다. 그 안에서 소재의 공정성이나 객관성이 면밀히 다뤄지지 못할 것임은 분명하다.

〈PD저널〉, 2012년 4월 2일, 강혜란(한국여성민우회 미디어운동본부 정책위원)

더 읽어 봐요

PD, WHO & HOW

홍경수 외 36인 지음 | 커뮤니케이션북스

PD를 꿈꾸는 사람들을 위해 쓰여진 책이다. 현직 PD들이 PD에 대해 알고 싶은 것을 직접 말해 준다. 온갖 유명인들과 일하는 PD를 화려한 직업이라고만 생각할 수도 있지만 결코 만만치 않은 길이다. 초짜 PD 시절의 실수담, 경력과 함께 쌓인 자기만의 방송 철학에서부터 PD가 되기 위한 현실적인 조건과 스터디 방법론, 방송 3사 신입 PD의 생생한 합격기에 이르기까지 PD란 어떤 사람들이고, PD가 되려면 어떻게 해야 하는지 알려 준다.

세계는 왜 싸우는가?

김영미 지음 | 추수밭

저자는 세계 분쟁 지역 전문 PD이다. 아프리카 소말리아부터 남미 콜롬비아까지 세계 분쟁 현장을 누비며 생생하게 기록한 분쟁의 참상, 그리고 그 속에서 느낀 간절한 희망의 메시지를 아들에게 전하는 형식으로 책에 담았다. 해외 현장을 다니면서 다양한 세계의 모습을 대중에게 전달하고자 하는 꿈을 가지고 있다면, PD가 생생한 현실뿐만 아니라 미래의 희망 역시 전하는 사람이라는 것을 깨달을 수 있을 것이다.

여러분은 어떤 TV 프로를 즐겨 보는 편인가요? 개그, 사극, 멜로드라마, 스포츠 중계, 영화, 음악 등 참으로 종류가 많죠? 우리가 방 안에 편안히 누워서 보고 듣는 이 프로그램들의 제작 과정에는 많은 사람의 노력이 숨어 있습니다. 여의도에 있는 한 방송국에 직접 들어가서 알아볼까요?

방송국 주변부터 분위기가 심상치 않아요. 평소 TV 화면 속에서만 볼 수 있었던 인기 **연예인**들이 출입하는 모습을 직접 볼 수 있네요. 사인을 받을 수 있는 절호의 기회였는데 쑥스러워서 그만……. 연예인 지망생으로 보이는 청년들의 모습도 더러 보입니다.

안으로 들어가 보니 인기 개그 프로그램의 촬영 준비가 한창이네요. 한 **개그맨**이 얼굴과 몸에 분장을 하고, 보기만 해도 웃음이 나오는 모습으로 변신해 있군요. 누가 이 개그맨을 꾸며 주었을까요? 바로 **분장사**입니다. 분장사는 현실감 있는 분장을 위해 얼굴 외에도 신체의 일부나 전체에 특수 약품으로 시각적인 효과를 연출해 극의 분위기를 최대한 살리는 사람이죠. 분장사 중에는 공포 영화 속의 귀신, 부상자,

외계인, 동물 모양 등의 특수한 분장을 담당하는 **특수분장사**도 있습니다. 분장사 중에서도 얼굴과 헤어 스타일을 중심으로 분장하는 사람을 **메이크업아티스트**라고 하죠.

촬영 현장에는 복잡한 방송 장비를 다루는 사람들이 배우들 보다 더 많이 있네요. 먼저 **촬영기사**가 가장 좋은 위치에 여러 대의 카메라를 설치하고 장면들을 녹화합니다. 이들은 때로는 특수 장비를 이용해 항공촬영, 수중촬영 등 위험이 따르는 일을 할 때도 있답니다. 이렇게 촬영된 영상에 다양한 효과를 삽입하고 자막 처리와 영상의 색깔 조절 등을 거쳐 시청자에게 최고의 화질이 제공될 수 있도록 하는 사람은 **영상장비기술자**랍니다.

물론 최고의 화질이 나오기 위해서 촬영 시의 조명도 중요하겠죠? 촬영 상황에 가장 적절한 조명을 준비해 품격 높은 영상이 나오도록 준비하는 분이 바로 **조명장비기술자**예요. 화질뿐만 아니라 소리도 중요합니다. 이 분야를 전문적으로 담당하는 분은 **음향장비기술자**랍니다. 이들은 최첨단 음성 장비를 이용해 마이크를 통해 입력되는 MC의 말소리, 관객의 박수 소리, 가수의 노랫소리 등과 같은 각종 소리들을 조화롭게 배분하고 가공한 뒤 새로운 소리로 창조해 내는 소리의 마술사라고 할 수 있어요.

이렇게 소리와 영상이 완벽하게 어우러진 작품이 제작되면 방송이

나가기 전 마지막 단계에서 **편집장비기술자**가 각종 음향효과와 자막을 넣고 다양한 영상 효과를 삽입합니다. 이런 과정을 거쳐 하나의 완성된 작품이 탄생하게 되는 것이지요. 잠시 보고 마는 한 편의 짧은 프로그램 속에도 정말 많은 분의 노고가 숨어 있다는 걸 알게 되었죠?

옆 스튜디오로 가 보니 저녁 뉴스 촬영 준비로 바쁘네요. **뉴스앵커**의 경우 뉴스를 진행하고 **취재기자**를 연결하며, 특정 인물과 인터뷰를 하기도 합니다. 방송 진행을 위한 대본이 있을 때도 있지만 생방송으로 진행되는 뉴스의 경우는 속보가 전달되기도 하고, 긴급히 뉴스 순서가 수정되는 경우도 있어요. 한 치의 실수도 없이 정확한 사실을 시청자에게 전달해야 하니 엄청 긴장되겠죠?

뉴스 외에 각종 프로그램을 진행하는 **아나운서**들도 있고 프로그램의 일부분을 맡아 진행하는 **리포터**도 있습니다. 특히, 리포터는 생방송으로 생동감 있는 현장을 짧게 소개하는 경우가 많아 방송 전문인이 아니라도 비교적 쉽게 접근할 수 있는 분야입니다. 최근에는 교통, 기상, 요리, 패션 등 자신만의 영역을 특화시켜 활동하는 리포터도 늘고 있다고 해요.

이번에는 차를 타고 인기 사극을 촬영하는 야외 세트장으로 나가볼까요? 앗, 누군가 절벽에서 떨어지고 있어요! 알고 보니 절벽에서 떨어지는 장면을 찍고 있는 **스턴트맨**이라네요. 스턴트맨은 영화, 방송, 광고 등에서 배우가 하기 힘든 고난도의 액션 연기를 대신하는 사람이에요. 위험한 연기를 하는 만큼 건강한 신체와 순발력, 예술적 재능이 중요하겠지요? 연기 지도 학원에서 훈련을 받거나 대학에서 영화 관련 학과를 전공하고 영화에 출연해 경험을 쌓아 입문하기도 하며, 공개 오디션을 거쳐 해당 배역을 맡기도 한다고 합니다.

저 멀리서는 장군이 말 타고 달리는 모습을 촬영하고 있습니다. 가까이 가 보니 말 달리는 소리는 실제 소리가 아니었네요. **음향효과기사**가 도구를 사용해 말 달리는 소리와 똑같은 소리를 만들어 내는군요. 지금까지 우리가 화면에서 듣던 대포 소리, 말 울음소리, 눈 밟는 소리 등이 실제 소리가 아니라 다 이분이 만드는 소리라고 합니다. 정말 신기하죠?

하나의 작품이 나오기까지 이러한 모든 과정을 책임지고 관리하는 사람은 누구일까요? 바로 PD입니다. **방송연출자**라고도 하는 PD는 방송의 전 과정을 책임지고 주도적으로 운영하는 사람이지요. PD가 되기 위해 어느 대학에서 무엇을 전공했는지는 크게 중요하지 않지만, 대체로 4년제 대학의 신문방송학과, 영화학과, 영상학과, 언론학과, 미디어학과 등에 진학해 공부해 두면 도움이 됩니다. 우리가 잘 알고 있는 유명한 방송국들은 공채를 통해 PD를 선발한다고 하네요.

선생님 질문 있어요 !?

Q 작가가 되고 싶어요. 물론 글을 잘 쓴다는 칭찬도 많이 들었고 관련 분야 상도 많이 탔습니다. 그래서 작가라는 진로를 생각하고 있는데 직업 탐색을 해 보니 유명 작가를 제외하고는 경제적으로 너무 어려운 것 같아요. 어떻게 해야 할까요?

A 작가가 되고 싶다면 일단은 도전하고 노력하는 것이 정답입니다. 작가가 되고 싶은 자신의 열정을 다 태우기도 전에 경제적 어려움을 걱정하며 노력 도 해 보지 않고 포기한다면 두고두고 후회가 될지도 모르니까요.

그래도 경제적인 어려움이 많이 걱정된다면, 자신의 전문 직업을 따로 갖고 그와 관련한 글쓰기를 하는 방법이 있습니다. 전업 작가의 길을 가지 않고도 자신이 알고 있는 것들에 대한 소중한 이야기들로 사람들에게 감동 과 재미를 주는 사람들도 많습니다. 이런 사람들의 글쓰기는 보통 자신이 잘 알고 있는 분야에서부터 시작되지요.

또 다른 길로는 신문사, 방송국, 광고 회사, 출판사 등에 소속되어 글쓰 기를 하는 방법이 있습니다. 자신이 쓰고 싶은 글만 쓰는 것은 아니지만 글 쓰는 일을 통해 창의성을 발휘하고 성취감을 맛보며 다양한 일거리들을 만 날 수 있습니다. 또 스토리가 필요한 모든 곳에 작가가 할 일이 있습니다. 스토리텔링의 중요성이 부각되면서 산업 각 분야에도 스토리텔링을 접목하 는 것에 대한 관심이 높아지고 있지요.

오직 자신의 글을 쓰는 작가가 되고 싶다면 남들이 아직 도전하지 않은 영역을 발굴해야 성공할 확률이 높아지겠죠? 다른 사람이 도전하지 않는 새로운 글쓰기 영역을 상상해 보세요. 자서전 대필을 전문으로 하는 작가가 된다든가 일본의 시오노 나나미처럼 관심 분야를 찾아 장기간에 걸쳐 집중적인 집필 작업을 하는 것이죠. 그런가 하면 SF, 판타지 등의 분야에서도 개척해야 할 주제들이 많이 있습니다.

사람들은 꿈을 꿉니다. 현실은 늘 꿈을 꾸기에 어려운 조건을 가지고 있습니다. 부모님이 반대를 하거나, 돈이 많이 들거나, 또는 공부를 못하거나 재능이 없죠. 그리고 그 꿈을 실현한다고 해도 돈을 많이 벌지 못한다면 또 주저하게 됩니다. 그러나 꿈을 이루는 중요한 열쇠는 조건이 아니라 열정입니다. 하고 싶은 일이 있다면 일단 도전해야 합니다.

정말 하고 싶은 일이 있는데 못 하는 경우, 사람들은 평생을 어정쩡하게 꿈 주변부를 서성입니다. 일단 간절히 원하는 꿈이 있다면 도전하고 부딪쳐 보세요. 그렇게 부딪쳐 봐야 이기든 지든 결론이 납니다. 그래야 이 길이 아니라는 생각이 들었을 때 깨끗하게 승복도 할 수 있습니다. 무언가에 도전해 최선을 다해 본 사람만이 미련 없이 또 다른 곳에서 새로운 열정으로 최선을 다할 수 있게 된답니다.

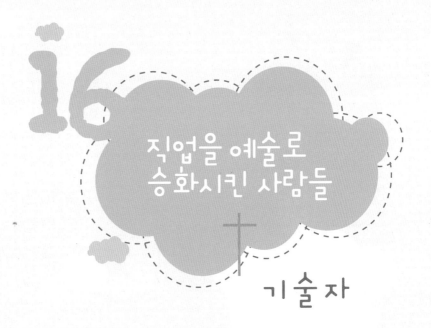

16

직업을 예술로
승화시킨 사람들

기술자

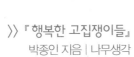

>> 『행복한 고집쟁이들』
박종인 지음 | 나무생각

여러분은 '고집쟁이'라는 말을 들으면 어떤 생각이 드나요? "저 녀석은 고집불통이야!", "너는 왜 그렇게 고집을 부리니?"와 같이 고집쟁이라는 말에는 우둔하거나 고집이 너무 세서 상대하기 힘들다는 부정적인 어감이 담겨 있습니다. 그렇지만 최선이라고 생각하는 분야에서 자기 고집을 세우고 한길을 올곧게 가는 것도 의미 있는 인생이 아닐까요?

여러분도 '장이'라는 말을 들어 보았지요? 자기가 하고 있는 일에 전념하거나 한 가지 기술을 전공해 그 일에 정통한 사람, 그렇게 철저한 직업 정신으로 살아가는 사람을 가리키는 우리말입니다. 한자로는 '장인(匠人)'이라고 하지요.

이 책에 등장하는 주인공들은 자기 분야에서 뛰어난 기술로 인정받는 사람들이지만, 모두 사회적으로 우러러보는 직업을 가지고 있거나 경제적으로 풍족한 삶을 사는 것은 아닙니다. 그러나 가난하고 몸이 불편한 가운데서도 자신이 관심 있고 잘할 수 있다고 여기는 분야에서 불꽃같이 열정을 다하며, 자신보다 더 부족한 사람을 돕고 희망을 전하는 삶을 살아갑니다. 살아 있는 '장이', '장인'의 모습이 감동적이지요. 경제성과 풍요로움, 경쟁과 결과만을 중시하는 사회 속에서 묵묵히 보석같이 빛나는 삶을 살아가는 사람들의 이야기는 우리의 가슴을 울리고 커다란 위로를 줍니다.

　왼팔 하나로 한복의 아름다움을 세상에 전하는 사람, 12대째 활을 만드는 사람, 3대를 이어 종로에서 양복을 만드는 사람, 옻칠의 본고장이라고 하는 일본보다 앞선 기술을 자랑하는 옻칠의 장인, 100년을 잇는 한지의 장인, 축구화 수선으로 47년을 살아온 사람, 하루에 카메라 한 대만을 고치는 카메라의 장인 등, 이 책 속에 등장하는 주인공들은 하나같이 어려운 조건 속에서도 세상을 뜨겁게 살아가는 사람들이라고 할 수 있습니다.

　저자는 서해 바닷가 근처, 강원도 산골짝, 서울의 어느 뒷골목, 한라산 기슭 혹은 일본의 어느 곳에 살고 있는 고집쟁이들을 찾아가 말을 걸고 그들의 모습을 글과 사진으로 담아냈습니다. 이 책을 통해 우리는 꿈과 자부심을 위해 고집스럽게 한길을 걸어 세상에 유익한 열매를 만들어 내고 있는 이들의 모습을 만날 수 있습니다.

　아파 본 적이 있는 사람이 아픈 사람의 심정을 알 수 있지 않을까요? 녹록지 않은 환경에서 어려움을 느낄 때도 있지만, 뜨겁게 외길 인생을 걸어가는 고집쟁이들의 이야기는 풍요로움과 편리함만을 추구하는 우리에게 많은 것을 생각하게 합니다.

자장면을 만드는 철학자 이문길

서울 효창공원 옆에 있는 자장면집 '신성각' 유리창에는 이런 글이 적혀 있다.

"지구촌에 살고 있는 어떤 사람이라도, 단 한 그릇 먹어 보고 눈물을 흘려 줄 음식을 내 혼신의 힘을 다하여 만들고 싶다. 21세기가 기다리고 있기에. 88년 10월 이문길."

테이블 딱 네 개에 잡채랑 탕수육 빼곤 번듯한 요리 하나 없는 이 자장면집에서 이문길은 아내와 함께 그토록 장엄한 자장면을 만든다. 이문길이 말했다. "그렇게 작심한 건 벤 존슨 덕분"이라고.

"서울올림픽 때 벤 존슨이 약물 먹고 메달 뺏기고 쫓겨 갔잖은가. 그 사람이 황급하게 공항을 나가는 걸 보고야, 저 사람은 메달 욕심에 저렇게까지 됐구나, 그렇다면 나도 돈을 위해서 자장면을 만들지 말자, 그렇게 다짐하고 저 글을 썼다. 한 그릇을 팔더라도, 이거 한번 제대로 해 보자. 돈만 벌려고 할 게 아니라! 뭐 그런 거."

가게가 문을 연 게 1981년이니, 29년 세월 동안 가게는 두 배로 확장됐다. 평수는 3평에서 8평, 그리고 식탁 수는 두 개에서 네 개로 두 배! 하지만 지난한 품질과 매력적인 돈 사이에서 품질을 택하기에는 옹색하기 짝이 없는 규모요, 현실감 없는 사장이 아닌가.

고등학교 입학 대신 '택해진' 자장면 인생. "그때만 해도 자장면 만들 시간이 많다고 생각했지만 내 인생 걸고 하는 일인데, 그렇다면 너무 편안함만 찾는 건 틀린 게 아닌가. 돈이라는 건 천 원 있으면 막걸리 먹으면 되고 십만 원 있으면 양주 먹으면 된다. 취하는 건 똑같다."

등산과 운동으로 온몸이 근육 덩어리인 사내가 자분자분 말을 잇는다. 하루 종일 찜통 주방에 서서 밀가루 반죽을 치려면 운동은 필수라고 했다.

"한 개인이 30년 넘게 자장면을 만들었다면, 그 자장면에는 자부심이 있어야 한다고 생각한다. 먹는 사람이 어떻게 느낄지 모르겠지만, 정말 울고 싶을 정도로 맛있고 소화도 잘 되는 자장면을 만들고 싶다는 생각이 들었다." 그리하여 '신속배달'이라고 적어 놨던 가게 앞 유리창에 저리 장엄하고 파격적인 글귀가 붙게 된 것이다.

축구화 수선 47년 김철

아침 8시에 시작해 새벽 1시에 일과가 끝난다. 지금은 무릎을 다쳐 그만두었지만, 이북5도민 대표로 전국 축구 경기에 나가는 날은 문을 닫았다. 일요일 새벽에 조기 축구회 시합을 마치면 서둘러 가게 문을 열었다. "그러지 않으면 기일을 맞출 수가 없다."고 했다. 신발 하나 수선에 '기일'이라고?

낡은 축구화가 들어와 새 신발로 둔갑해 나가기까지 5일이 걸린다. 주문을 받으면 수선해서 옆에 모아 뒀다가 수요일이랑 토요일 이렇게 두 번 출고를 한다. 더도 덜도 아니라 수요일에 40개, 토요일에 30

개씩. 하나에 2만 4천 원을 받으니, 한 달 벌이가 대략 670여만 원이다. 도심 한가운데서 상가 임대료 내고 자영업을 하면서 가족 네 명이 생계를 유지하기에는 조금 버겁다.

"그러다 보니까 다른 가게들은 하루에 30개 씩 수선을 한대. 그러면 당연히 부실 공사가 되지. 사람들이 그런 데 가겠어? 그런 데 가서 수선했다가 다시 나한테 오는 사람이 많아. 그냥 접착제로 붙이기만 하면 되는 줄 아는데, 잘못 붙이면 신발이 바나나가 돼. 그냥 휘어지는 거지. 그런 걸 누가 신어. 나 조금 불편하면 남이 편해지잖아. 그래서 나는 일주일에 딱 70개 수선하고 365일 일하거든."

장인이 새까맣게 때가 긴 손톱으로 가죽을 쥐고 망치로 가죽을 두드린다. 세도 안 되고 약해도 안 된다. 그리고 '고조리'라는 집게처럼 생긴 연장으로 신발 중심을 맞춘다. 1965년부터 쓰던 연장이다. 쇳덩이가 동그랗게 닳아 있다. 그가 말했다. "이게 중요해. 중심 잡는 거. 신발이건 인생이건 세상이건 중심을 꽉 안 잡으면 불량품 되는 거지."

축구선수가 되지 못한 한풀이를 위해 김철은 47년 동안 스스로를 두 평 반짜리 작업실에 가둬 버렸고, 그리하여 그는 대한민국에 보기 드문 축구 신발의 장인이 되었다. "돈 벌려면 공장 차렸지. 기계로 팍팍 찍어 내서 팔면 벌써 부자 됐어. 내가 좋으니까 하는 거지. 여기 있으면 돈 쓸 일도 없잖아."

카메라 명장 김학원

그에게 오는 카메라는 1980년대 이전에 생산된 '구닥다리'들이다. 라이카M 시리즈, 렌즈가 두 개인 롤라이플렉스, 중형 카메라의 '로망' 핫셀블라드 기타 등등. 하나같이 사진 품질은 지상 최고지만 노쇠한 기계다. 낡았어도 한 대 가격이 요즘 카메라 여러 대에 달하는 고가품이다.

수리 의뢰가 들어오면 김학원은 조용히 필름돌리개(와인더)를 돌리고 셔터를 눌러 본다. "손 느낌과 소리를 들어 보면 대충 문제가 어딘지 안다."고 했다. 진단을 마친 카메라들은 작업대 위에서 적나라하게 해부된다. 카메라 주인이 본다면 억장이 무너질 정도다. 김학원은 겁이 없다. 이미 10대 때부터 수만 번 저질러 온 '창조를 위한 파괴'가 아닌가.

기름칠할 부품은 하나하나 기름을 칠하고, 먼지 닦아 내고, 구하지 못할 부품은 선반으로 쇠를 깎아 만든다. 그리고 재조립을 한다. 카메라 하나를 구성하는 부품이 수백 가지이니, 분해도 어렵고 조립도 어렵고, 고장 난 부품 찾는 것은 더 어렵다. 12년 전 김학원은 아예 선반 하나를 사서 부품을 제 손으로 깎았다. 선반 기술 습득 또한 독학이다. "아침에 작업 시작해서 수선하고 조립 끝내면 다른 카메라 하나 분해할 시간이 남는다."고 했다. 그러니까 딱 한 대다.

김학원은 "하루에 몇 대씩 염가에 고쳐 준다는 사람들, 도저히 이해가 가지 않는다."고 했다. 그런 데서 수선받고, 싸우고, 결국 김학원의 손으로 인도되는 카메라들이 한두 대가 아니다. 사람들은 "다른 데 가지 말고, 그냥 김학원한테 가라."고 했다. 자연스럽게, 낡은 카메라 마니아들은 김학원을 찾게 되었다.

"세상이 하도 디지털 시대다 보니, 아날로그 시대를 그리워하는 사람들이 또 생겨나는 것 같아. 왕창 찍어서 확인한 즉시 마음에 안 드는 거 지워 버리고, 맘에 드는 건 인터넷에 올리면 바로 프린트해서 배달까지 해 주고, 편하지만, 필름으로 한 장씩 찍어서 현상소에 맡기고 하루 이틀씩 가슴 콩닥거리며 기다리던 그 재미는 사라졌고." 그래서 '정성 들여' 찍고 '가슴 두근거리며' 기다리는 느림의 미학이 조금씩 부활하고 있다는 것이다. 김학원은 그래서 기쁘다고 했다.

읽 고 나 서

1. 이 책에 나오는 고집쟁이들이 일하는 모습은 어떠한지 말해 봅시다.

• 자장면 요리사 : _____
_____

• 축구화 수선장이 : _____
_____

• 카메라 명장 : _____
_____

2. 이 책에 나오는 고집쟁이들이 힘든 일을 계속할 수 있었던 원동력은 무엇일지 생각해 봅시다.

_____

_____

_____

3. 이 책에 나오는 고집쟁이들의 직업 중에서 100년 후에도 여전히 필요한 직업은 무엇일지 순위를 정해 보고 그 이유도 함께 말해 봅시다.

고집쟁이들의 직업	순위	이유
소금장수		
산꾼(묘를 만드는 사람)		
마술사		

한복 장인		
궁장(활 만드는 사람)		
양복장이		
옻칠장이		
한지 장인		
신발 수선공		
요리사		
카메라 명장		
배무이(배 만드는 사람)		
석장(돌로 물건 만드는 사람)		

4. 우리 반 친구 중에서 한 분야에 대한 지식을 남보다 많이 알고 있거나 손재주가 뛰어나거나 특별한 버릇을 고집하는 친구를 찾아 '달인'이라는 별칭을 붙여 봅시다.

친구 이름	별칭	별칭을 붙인 이유
김병헌	종이접기의 달인	종이 한 장으로 온갖 모양을 만들어낼 줄 안다.
신보람	공룡 달인	공룡의 이름을 모두 외우고 있으며 공룡에 대한 지식이 해박하다.

더 읽어 봐요

목수 김씨의 나무 작업실

김진송 지음 | 시골생활

이 책은 저자가 지난 십 년 동안 목수로 살아오면서 나무와 목수 일에 대해 기록한 일기와 스케치, 작품 사진으로 구성되어 있다. 손쉽게 만들 수 있는 조립품과 달리 나무를 구하는 것부터 하나의 목물, 즉 나무로 된 물건이 탄생하는 과정을 생생하게 기록하고 있다. 저자가 나무를 다루며 느낀 즐거움과 어려움 등이 솔직하게 드러나 목수의 삶을 보다 가까이서 접할 수 있으며, 목공 장인을 꿈꾸는 청소년들에게 공감과 흥미를 불러일으킬 만하다.

따뜻한 기술

이인식 외 지음 | 고즈윈

인문학, 과학기술, 디자인, 의학, 로봇, 환경 등의 분야 전문가 23인의 필자들이 성장 중심 기술 개발의 문제점을 살펴보고 미래 사회에서 기술이 맡아야 할 역할과 바람직한 방향을 제시한다. 소외된 이들에게 무관심한 정책과 이윤만을 추구하는 사회 가치가 심화되는 세상에서 더 나은 미래를 위해 과학기술이 해야 할 일을 생각해 보게 한다. 기술은 꼭 필요한 자리에, 꼭 필요한 사람을 위해 존재할 때 아름다울 수 있다는 철학은 기술자를 꿈꾸는 청소년들에게 기술의 참 의미를 생각해 보게끔 할 것이다.

직업탐색

그리스 로마 신화를 읽어 봤다면 헤파이스토스를 기억하는 친구들이 있을 거예요. 그는 헤르메스의 날개 달린 모자와 신발에서부터 아킬레우스의 창과 방패까지 무엇이든 만들지 못하는 것이 없는 신이었지요. '장인'은 바로 현대판 헤파이스토스랍니다. 장인이란 단어를 사전에서 찾으면, '어떤 분야에 전문적 기술을 가진 사람'이라고 나옵니다. 즉, 자기가 하고 있는 일에 전념하거나 한 가지 기술을 전공해 그 일에 능수능란한 사람을 일컫는 말이라고 할 수 있겠지요? 흔히 기술자, 전문가 등으로 부르기도 합니다. 영어로는 '마이스터'라고도 하는데, 이는 다른 이에게도 영감을 불어넣는 존경받는 지도자라는 뜻입니다. 또한 자기 일에 철저한 직업 정신을 가진 사람에게 우리는 "장인 정신을 가진 사람이다."라고 말하기도 하지요.

우리나라에서는 기술 기능 분야에 종사하는 인력에게 '기능장'이라는 국가 기술 자격을 주어 관리하고 있어요. 우선 건설·기계 분야의 대표적인 직업들을 살펴볼까요? 건축물을 시공할 때 품질, 예산, 공정의 목표를 달성하기 위해 시공의 전반적인 과정을 확인하고 관리, 감독하는 사람을 **건축감리기술자**라고 합니다. 또 건축물의 계획, 설계, 안전 점검 및 감리 업무를 수행하는 **건축구조기술자** 그리고 건축 시공에 대한 전반적인 관리, 감독을 하는 **건축시공기술자** 등이 있지요. 이들은 대부분 대학교나 전문대학교에서 건축학 또는 건축공학을 전공한 후 관련 분야 기사나 기술사 자격증을 취득하는 경우가 많답니다. 그 밖에도 **전기기술자**, **농약품화학공학기술자**, **농업기술자** 등 많은 분야에서 기술자들이 활약하고 있습니다. 이 직업인들의 공통점을 살펴보면 자료에 대해 명확하고 질서 정연하며 체계적인 조작을 필요로 하는 활동들을 선호하고, 모호하고 체계적이지 않은 활동들을 싫어하는 경향이 있답니다.

반면에 미적 감각을 필요로 하는 장인의 세계도 있어요. 욕심 없는 마음을 도자기에 담는 **사기장**이라든가 죽은 나무에 생명을 불어넣는 **소목장**, 놋쇠로 황금빛 그릇을 만드는 **유기장** 들을 예로 들 수 있습니다. 전통의 맥을 고집스레 이어 나가는 사람들이 바로 그들이죠.

특히, 이 분야의 일들은 학력이나 학벌에 의존하기 보다는 멘토가 될 만한 스승을 찾아다니며 문하생 시절을 오랫동안 거치며 실전 능력을 쌓는 경우가 많아요. 힘들고 고단한 시절을 겪어 내는 강인함과 인내심이 어느 직업보다 필요하다고 할 수 있겠습니다.

선생님 질문 있어요 !?

Q 인기 있는 유망 직업에 종사하고 싶어요. 미래에 유망한 직업에는 어떤 것들이 있나요? 그리고 그런 직업을 갖기 위해서 어떤 노력을 해야 하나요?

A 일자리가 증가해 상대적으로 취업이 쉽고 임금 수준이 높은 직업을 유망 직업이라고 해요. 다양한 직업 관련 기관에서 미래 유망 직업에 대한 전망을 내놓고 있는데, 다년간 직업에 대해 조사하고 사회적 요구를 분석해 예측한 결과죠. 그러나 그 결과는 어디까지나 예상이기에 맞을 수도, 그렇지 않을 수도 있답니다. 앞으로 유망한 직업에는 어떤 것들이 있는지 살펴볼까요?

직업 세계 트렌드 변화	유망 직업
고령 인구의 증가	노인전문사회복지사, 간호사, 금융컨설턴트, 간병인, 실버시터, 노년복지컨설턴트, 장례지도사
건강과 웰빙 추구	상담전문가, 임상심리전문가, 의료코디네이터, 의료관광코디네이터, 의료통역사, 첨단의료기기개발자, 영양사, 식품공학자, 여행상품기획자
사회 및 인구구조의 변화	한국어강사, 다문화강사, 다문화가정상담가, 결혼이민자지원가, 다문화자녀교육전문가

환경에 관한 관심 증대	그린에너지연구원, 에너지진단전문가, 기후변화전문가, 날씨경영컨설턴트(기상컨설턴트), 기상학연구원, 친환경선박공학자, 친환경자동차개발자, 환경공학자, 신재생에너지개발자
첨단 기술 발전 및 기술 융합	로봇감성인지공학자, 유비쿼터스기술연구원, 방송통신기술연구원, 가상현실전문가, 응용소프트웨어개발자, IT컨설턴트, 정보보안전문가
전문직 및 서비스산업의 발전	경영컨설턴트, 회계사, 변리사, 금융보험전문가, 국제회의기획자, 커리어코치, 직업상담사, 호텔리어, 광고홍보기획자, 마케팅전문가, SNS마케팅전문가

이렇게 여러 가지 직업이 유망할 것으로 예상되지만, 단순히 유망 직업이기 때문에 진로를 선택하는 것은 바람직하지 않습니다. 다른 사람에게는 유망한 직업이라도 자신의 적성과 가치관에 맞지 않는다면 좋은 직업이 될 수 없겠지요.

유망 직업을 가지기 위해서는 나의 적성이나 흥미, 능력에 부합하는지를 살펴보고 직업의 변화를 지속적으로 탐색해 봐야 해요. 그리고 유망 직업으로 소개된 직업 중에 내가 하고 싶은 일이 없다고 실망할 필요는 없습니다. 변화하는 직업 세계를 눈여겨보고 내가 잘하는 일과 성장성이 높은 분야를 접목해 여러분이 새로운 분야를 찾아낼 수도 있으니까요.

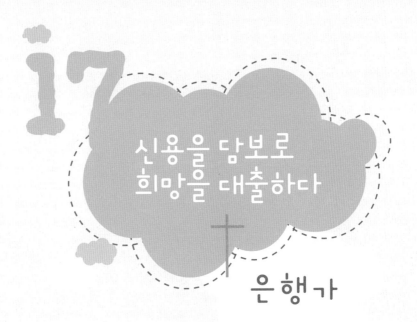

신용을 담보로
희망을 대출하다

은행가

>> 『가난한 사람들을 위한 은행가』
무하마드 유누스, 알란 졸리스 지음
정재곤 옮김 | 세상사람들의책

"가난은 나랏님도 구제 못 한다."라는 옛말이 있습니다. 가난한 사람들을 볼 때면 그들의 게으름이나 능력 부족을 탓하는 경우가 많습니다. 하지만 그라민 은행의 설립자 무하마드 유누스의 생각은 다릅니다.

2006년 노벨평화상 수상자인 유누스는 미국에서 경제학 박사 학위를 받고 방글라데시 치타공대학 경제학과 학과장으로 있던 1976년 어느 날, 대학 주변 마을 주민 42명에게 주머닛돈 856타카(27달러)를 빌려 주게 됩니다. 고리대금업자의 착취로 고통받는 이들에게 조금의 여유 자금만 생긴다면, 직접 재료를 구입해서 물건을 만들어 내다 팔수 있을 것이라고 생각했기 때문입니다.

그는 가난한 사람들이 돈을 빌려 쓸 수 있는 방법을 제도적으로 마련해야 한다는 생각으로 은행을 찾아갑니다. 하지만 은행에서는 가난한 사람들은 담보나 보증이 없을 뿐만 아니라 갚을 능력도 없으며, 서류를 꾸미는 데 드는 비용도 안 되는 푼돈을 빌려 주느라 시간을 낭비할 수 없다며 가난한 사람들에 대한 융자를 거부합니다.

가난한 사람들에게는 융자를 주지 않는 제도권 금융에 맞서, 가난한 이들도 은행의 혜택을 입어야 하며, 이들에게 주어지는 융자는 마땅히 누려야 할 인간적 권리임을 입증하기 위해 유누스는 투쟁합니다. 그리고 그의 노력은 1983년 그라민 은행의 설립으로 이어졌지요.

'은행이란 무엇인가? 은행은 어떤 역할을 해야 하는가?'에 근본적인 질문을 던진 것입니다.

그라민 은행은 '신용은 모든 인간의 기본권'이라는 신념으로 제도 금융에서 소외된 가난한 사람들에게 무담보, 무보증으로 소액 융자를 해 주었습니다. 이를 통해 지난 26년간 방글라데시 인구의 10%가 넘는 240만 가구에 자립의 희망을 안겨 주었지요. 그라민 은행은 현재 방글라데시에 1,175개의 지점을 두고 240만 명에게 1,600억 타카(약 3조 3,600억 원)를 융자해 주는, 직원 수 1만 2천여 명을 거느린 대형 은행입니다.

여러분은 은행의 역할이 무엇이라고 생각하나요? 사람들이 맡기는 예금을 보관하고, 그렇게 모인 예금을 또 다른 사람들에게 빌려 주면서 수익을 얻는 것이 은행의 기본적인 기능이라고 알고 있는 친구들이 많을 것입니다. 그런데 그 은행을 통해 가난한 사람들이 차별받지 않는 세상을 꿈꿀 수 있고, 사람들의 삶을 실제로 바꿀 수 있으며, 빈부 격차의 갈등이 없는 사회로 나아갈 수 있다는 사실이 놀랍지 않나요? 은행원을 꿈꾸는 친구들이라면 세상에 없던 새로운 은행, 그래서 더욱 그 가치가 빛나는 그라민 은행 이야기를 주의 깊게 읽어 보기를 권합니다.

　　방글라데시에서는 고리대금업이 성행하고 있었다. 사람들 사이에 어찌나 깊숙이 침투했던지, 돈 빌리는 조건이 얼마나 터무니없는 것인지에 대해 인식조차 없었다. 시골에서 파종 때 정미한 쌀 한 말을 빌리면 추수 때 무려 두 말 반을 돌려줘야 했다.

　　만일 땅을 담보로 해서 돈을 빌리면, 채권자는 돈을 돌려받을 때까지 이 땅을 자기 마음대로 써먹었다. 돈을 빌려 줄 때는 대개 공식 문서를 만들어 증거로 삼곤 했다. 또 채무자가 돈 갚는 것을 어렵게 하기 위해 몇 번에 나누어 갚는 것을 대개는 용납하지 않았다. 채권자는 돈을 빌려 줄 때, 채무자가 제때에 돈을 갚지 못할 것을 미리 예상해서 헐값에 땅을 인수할 수 있도록 문서를 꾸미기 일쑤였다.

　　사람들은 집안에 큰일이 있을 때(예컨대 딸의 결혼식이나 뇌물, 소송 비용 따위) 이따금씩 돈을 빌리기도 했지만, 대개는 생존을 위해(식량이나 약 따위의 구입, 위급 상황) 돈을 빌렸다. 동기야 어떻든 간에, 일단 돈을 빌리고 나면 빚은 점점 더 불어나는 경우가 태반이었다. 대개는 빌린 돈을 갚으려고 또다시 돈을 빌리게 되는데, 결국에는 죽는 경우가 아니고서는 빚에서 벗어날 수 없었다.

＊ ＊ ＊

　　수피아 베굼은 글은 모르지만, 생활하는 데 필요한 계산을 하는 것에는 전혀 문제가 없었다. 어찌 보면 지금 내 앞에 앉아서 숨쉬고, 역경과 싸우고 있는 이 아낙네야말로 대단한 능력을, 다시 말해 놀라운 생존 능력을 가진 존재임에 틀림없다는 생각이 들었다.

가난은 세상만큼이나 오랜 것이다. 하지만 수피아는 이제까지 가난을 떨칠 수 있는 어떤 기회도 갖지 못하였다. 나는 해결책이 과연 무엇인지 알 수가 없었다. 우리는 자랄 때부터 주위에서 가난한 사람들을 너무나 많이 봐 왔기 때문에 가난의 원인이 무엇인지에 대해 제대로 물어본 적조차 없다. 경제 시스템이 제대로 갖춰진다고 하더라도, 지금 상태라면 수피아가 돈을 따로 떼서 저축할 만한 여유를 가질 날은 결코 오지 않을 것이다. 이제까지 나는 단돈 2센트가 없어서 절망 속에서 살아가는 사람이 있으리라고는 한 번도 생각해 본 적이 없었다. 이런 일은 불가능할 뿐 아니라 어처구니없는 일로 보였다. 그렇다면 지금 내 호주머니에서 그 금액을 꺼내 수피아에게 주면 어떨까? 아주 쉽고 간단한 해결책처럼 보였다.

내가 봉직하는 대학이나 경제학과에서, 지구상에 존재하는 모든 경제학과에서, 전 세계 수천 명의 똑똑한 경제학 교수들이 어째서 도움이 누구보다도 절실한 이 사람들을 이해하고 도와주지 않는단 말인가? 나는 수피아에게 돈을 주고 싶은 욕망을 억눌렀다. 그녀는 적선을 요구한 것이 아니다. 그리고 돈을 준다고 해서 해결될 문제가 아니었다.

* * *

우리는 물론 초창기에 은행을 어떻게 운영해야 하는지 아무것도 몰랐다. 우리는 모든 것을 새로 배워야만 했다. 우리가 은행을 설립한 해인 1977년, 나는 다른 융자 기관들이 어떻게 운영을 하는지 눈여겨 보는 동시에, 이들의 시행착오에서 교훈을 얻고자 했다.

　　기존의 은행들이나 제2금융권에서는 언제나 융자를 준 후 원금을 일시에 돌려받기를 요구했다. 하지만 융자를 받은 사람 입장에서는, 만기가 되어 큰돈을 한꺼번에 돌려주기가 쉬운 일이 아니다. 그래서 돈을 빌리는 사람은 대개 융자액을 늘려 가면서까지 만기일을 가능한 늦추는 경향이 있었다. 그러다가 최후에는 돈을 못 갚겠다고 하는 사람까지 생기는 것이다!

　　나는 이와는 정반대로 하기로 했다. 우리 은행에서 융자를 받는 사람들이 원금을 조금씩 나누어 갚도록 함으로써, 돈을 갚을 때 큰 부담이 느껴지지 않도록 한 것이다. 이렇게 하면, 사람들이 일시에 목돈을 갚아야 한다는 심리적 압박감을 크게 느끼지 않을 것이기 때문이다. 이리하여 나는 원금을 매일 아주 조금씩 갚아 나가도록 하는 시스템을 만들기로 했다. 그러면 관리하기도 용이한데, 왜냐면 누군 돈을 갚고 누구는 돈을 갚지 않는지 한눈에 알 수 있기 때문이다.

　　또 이 방법은 융자라고는 한 번도 받아 본 적이 없는 사람들에게 그리 겁을 집어먹게 하지도 않고, 스스로 원금을 갚아 나갈 수 있다는 자신감을 안겨 주는 장점이 있었다.

나는 회계를 단순화시키기 위해 원금 전체의 상환 기한을 1년으로 못박았다. 그래서 만일 365타카를 빌린다면, 매일 1타카씩 갚아 나가면 되는 것이다.

* * *

우리한테서 돈을 빌리려는 사람은 우리 은행이 어떻게 운영되는지에 대한 교육을 받아야 한다.

어떤 사람은 그라민 은행의 회원이 되기로 한 전날 밤, 두려운 나머지 알라신에게 기도를 하기도 하고, 성인의 무덤에 초를 꽂고 기도의 맹세를 하는 경우도 있다. 또 어떤 사람은 너무나 긴장을 한 나머지 병이 나기도 하고, 아니면 구두 테스트 바로 전날 포기하는 사람도 있다. "저는 도저히 견디질 못하겠어요. 포기하겠어요." 그러면 나머지 네 명의 회원은 그라민 은행에 다른 사람을 새로 찾을 때까지 구두 테스트를 연기해 달라고 요청을 한다.

마침내 테스트 날이 오면 다섯 명의 그룹원은 각자 혼자서 구두시험을 치르게 된다. 이들은 거의 대부분 글을 읽을 줄도 쓸 줄도 모르지만, 앞으로 어떻게 해야 하는지 대답을 해야 한다.

우리 은행 직원이 하는 질문에 충분한 대답을 하지 못하는 사람이 있으면, 이 사람이 속한 그룹은 함께 모여서 다시 공부를 해야 한다. 그러면 다른 그룹원이 이 사람을 이렇게 놀려 대는 것이다. "제기랄, 어째

그 정도도 통괄 못 해요! 당신 때문에 모두 떨어졌잖아요!"

이런 과정을 거치다 보면, 쉽게 절망하는 사람들도 인내심이 강한 사람들과 함께 어울려 마침내 우리 그라민 은행의 회원이 되는 것이다.

우리를 비판하는 사람 중에 우리 은행에서 융자를 받는 시골 사람들이 너무 굴종적이라고 말하는 사람들이 있다. 헌데, 우리는 사람들이 바로 이 굴종하는 기질을 버리도록 하기 위해 융자 조건을 매우 까다롭게 하고 있다. 오직 굳은 결심을 가진 사람들만이 우리 은행에서 돈을 빌릴 수 있게 하여, 그들에게 어떠한 어려움이 닥쳐도 헤쳐 나가고 투쟁적으로 생활할 수 있도록 하기 위해서이다.

어떤 사람은 우리 은행이 지나치게 까다롭게 군다는 비판을 하기도 하는데, 우리가 가난한 사람이라고 해서 아무에게나 덮어놓고 융자를 주지는 않기 때문이다. 나는 이 점에 있어서 나의 입장을 고수하려고 한다. 운명을 개척하려면 굳은 의지와 용기가 필요하다. 가난한 사람들이 우리 은행에서 제공하는 소액 융자를 통해 가난을 딛고 일어섰다는 것을 보여 줘야, 이를 지켜보는 옆의 사람들이 우리 은행에 동참을 할 것이다. 우리 은행의 새로운 회원들에게는 좋은 모범이 필요하다.

우리 은행이 융자를 줄 때는 그룹의 첫 번째 사람에게 먼저 융자를 주고 난 다음 다른 두 사람에게 융자를 준다. 그런 후 이들이 처음 6주 동안 제대로 원금을 갚는지를 보고 나서 나머지 두 사람에게도 융자를 준다. 그룹의 장은 다섯 사람 중에 융자를 가장 늦게 받도록 되어 있다.

난생처음 융자를 받은 사람들은 처음으로 원금을 갚을 때 무한한 기쁨을 느끼는데, 왜냐면 자기가 원금을 갚을 수 있을 정도로 돈을 번다는 느낌을 처음으로 가져 보기 때문이다. 다음으로 두 번째, 세 번째로 원금을 받는다. 이들에게는 굉장한 경험인 것이다. 이들은 스스로의 힘으로 돈을 벌어 원금을 갚기 때문에 기쁨이 말할 수 없이 크고, 그래서 만나는 모든 사람에게 자랑하지 않을 수 없다. 이들은 자긍심을 느끼고, 자기에게 이제까지 알지 못하던 커다란 힘이 있다는 자신감을 갖는다.

그라민 은행은 소액 융자만을 주는 것이 아니다. 그라민 은행은 사람들에게 자신 속에 잠재하고 있는 능력을 알게 하고 탐험하게 만드는 것이다. 그라민 은행에서 돈을 빌리는 사람은 자기의 잠재력을 찾아내고, 이제까지 한번도 써 본 적이 없는 창조력을 발휘한다.

읽고 나서

1. 기존 은행들과 그라민 은행의 차이점을 알아봅시다.

	기존 은행들	그라민 은행
돈을 빌려 주는 대상		가난한 사람들
담보	부동산 등의 담보가 있어야 한다.	
이자	높은 이자를 내야 한다.	
원금을 갚는 방식		

2. 유누스 총재가 "가난한 사람들에게 돈을 빌려 주면 받아 내기 어렵다."는 통념을 깨고 가난한 사람들을 위한 은행을 성공적으로 운영할 수 있었던 이유는 어디에 있는지 생각해 봅시다.

3. 다음은 『가난한 사람들을 위한 은행가』에 나오는 '은행 직원의 하루 일과'입니다. 읽어 보고 은행 직원이 갖추어야 할 능력에는 어떤 것이 있을지 생각해 봅시다.

그라민 은행 지원의 하루 일과

이름: 악타르　나이: 27세

봉급: 2,200타카 외에 주택 보조금, 의료비, 여행 경비를 지원받는다.

6시　기상하여 세수 및 아침

7시　서류와 가방을 챙겨 자전거를 타고 지점으로 향한다.

7시 30분　융자를 받은 40명의 사람들이 악타르를 기다리고 있다. 각 그룹의 대표는 자기 자신을 포함한 그룹 구성원들의 통장을 모아서 가지고 있다. 미팅이 있기 전에 간단한 체조 시간을 갖는다. 악타르는 각 그룹으로부터 상환금과 통장을 넘겨받는다.

9시 30분　악타르는 자전거를 타고 두 번째 미팅을 위해 다른 센터로 향한다. 주중에 그는 열 개의 센터를 관리해야 한다. 그는 자기 책임하에 있는 400명의 회원을 만나야 하며, 여러 명목으로 제공된 융자(일반 융자, 계절 융자, 주택 융자)에 대한 상환금과 회원들이 맡기는 예금을 받아야 한다. 그는 두 번째로 들른 센터를 떠나기 전에 장부를 대조하다가 몇 타카가 남는다는 사실을 발견한다. 자세히 검토해 본 결과, 한 회원이 다음 주에 상환해야 할 금액을 미리 상환했다는 사실을 알아낸다.

11시　악타르는 회원들을 방문하고 그들에게 조언을 한다. 그는 이 방문을 통해 회원들이 무엇을 필요로 하고 어떤 문제를 가지고 있는지를 파악한다. 이는 매우 중요한 업무 가운데 하나로, 그가 교육자로서의 재능을 구체적으로 발휘할 수 있는 기회이기도 하다.

12시　지점으로 돌아온 악타르는 여러 서류들을 정리하고 회계 장부에 기록한다.

지점장이 일단 일을 마치면 악타르도 자기 시간을 가질 수 있다. 하지만 그는 회계 검토를 철저하게 해서 단 1타카의 오차도 없도록 해야 한다.

13시 30분~14시 점심 및 동료들과의 티 타임

14시 오전에 수금된 돈은 오후에 모두 새로운 융자금으로 지급된다. 융자를 줄 때 직원들은 지점장을 보좌한다.

15시 악타르와 다른 동료들은 새로 지급된 융자에 관한 내용을 장부에 기록한다.

16시 30분 차를 마시면서 동료들과 환담한다.

17시~18시 30분 융자 때문에 어려움을 겪고 있는 지점을 방문하거나, 아동을 위한 교육 프로그램을 구상한다.

19시 남아 있는 서류 정리를 마치고 하루 일과를 마감한다.

4. 다음 보기처럼 상상력을 발휘해 흥미로운 프로젝트를 구상해 봅시다.

─── 〈보기〉 ───

내가 도서관 사서라면 딱딱한 의자를 치우고 푹신푹신한 쿠션과 편안한 소파를 가져다 놓을 것이다. 사람들이 누워서도 책을 볼 수 있도록 편안한 분위기를 만들고 싶다.

• 내가 보험 상품을 개발한다면 _____

_____

• 내가 학교 안전 요원이라면 _____

_____

더 읽어 봐요

희망을 나누어 주는 은행가, 유누스

박선민 지음 | 리젬

유누스 총재는 가난한 사람들에게도 기회를 주기 위해 최초로 무담보 소액 대출이 가능한 그라민 은행을 만들었다. 가난한 사람들은 자신들이 할 수 있는 일을 찾아 차츰 원금을 갚아 나갔다. 그라민 은행의 원금 회수율은 놀랍게도 98%에 가까웠다. 이 책은 가난이 개인적인 것이 아닌 사회 전체의 문제라는 인식의 전환을 안겨 준 유누스 총재의 이야기를 그리고 있다. 앞에 제시한 『가난한 사람들을 위한 은행가』가 너무 어렵다고 느껴진다면 이 책을 읽어 보기를 권한다.

회계사가 말하는 회계사

강성원 등 지음 | 부키

회계사 역시 금융업계에서 일하는 사람들이다. 이 책은 회계사 15인의 일상을 통해 회계사가 어떤 일을 하는지 구체적으로 들여다볼 수 있도록 했다. 은행, 금융감독원, 한국예탁결제원, 대검찰청 등 다양한 분야에서 활동하는 회계사들의 일과 생활, 보람과 애환을 흥미진진하게 전한다. '모든 은행 업무는 회계로 통한다.'는 말처럼 회계사가 일할 수 있는 금융 관련 분야는 무궁무진하다. 금융업계에서 일하기를 희망하는 학생들에게 추천한다.

다양한 금융업의 세계를 한번 살펴볼까요? 은행의 창구에서 입출금이나 예금, 대출 상담 등의 일반 업무를 맡아 보는 사람을 우리는 흔히 은행원이라고 하는데, 사실 정확한 명칭은 **은행텔러**예요. 또 **자산관리사**는 고객의 수입과 지출은 어느 정도인지, 자산과 갚아야 할 빚은 얼마인지 등 고객에 대한 자료를 수집하고 분석해 체계적으로 관리할 수 있도록 조언하는 역할을 합니다.

　뉴스나 영화에서 책상 위에 모니터 여러 대를 두고 그래프가 오르락내리락 하는 화면을 뚫어지게 보고 있는 사람들을 본 적 있나요? 고객들의 주식 투자를 대신 해 주는 **펀드매니저**인데요, 주식시장의 변동에 따라 최대한 이익을 얻을 수 있도록 투자 계획을 세우는 것이 주 업무랍니다. 증권시장이 끝날 때까지 계속해서 올라오는 공시와 뉴스 속보를 참고하며 증권을 매매하는 역할을 해요. **투자자산운용사**나 **증권중개인**도 그와 비슷한 사람들입니다. **금융투자분석사(애널리스트)**는 금융 투자와 관련한 다양한 정보를 바탕으로 기업 가치를 분석하고 평가합니다. 이를 통해 유용한 투자 정보를 제공하는 역할을 하지요.

'0.1초의 승부사' **외환딜러**도 빼놓을 수 없겠죠? 외환딜러는 외환 시장에서 외환의 가격이 올라갈 것 같으면 사거나 가지고 있고, 내려갈 것 같으면 자신이 가지고 있는 외환을 팔아 차익을 얻는 사람입니다. 외환딜러는 '0.1초의 승부사'라는 별명처럼 시장이 열리는 시간에는 눈코 뜰 새 없이 바쁘다고 해요. 이 밖에도 증권사 창구에서 주식의 매매나 투자 상담을 해 주는 **투자상담사**도 있고 금융기관과 기업체의 각종 금융 위험을 예측해 대비책을 세우는 **재무위험관리사**도 있어요.

우발적인 사고로 인한 손실이나 재난에 대비하기 위해 보험업도 크게 성장했는데, 한 사람이 몇 개씩 보험을 들기도 하지요. **보험계리사**가 통계학을 이용한 분석 결과를 토대로 국내 사회 환경과 경제 실정에 맞는 보험 상품을 개발하면 **보험설계사**는 개인의 수입과 지출 그리고 특성을 고려해 교육, 건강, 재해, 보장, 연금 및 변액 보험 등 다양한 보험 상품을 추천하고 판매한답니다. 만약 사고가 났을 때, 손해액은 얼마인지 결정하고 보험금을 계산해 주는 사람도 필요하겠죠? 그 사람이 바로 **손해사정인**이에요.

금융과 관련한 직업이 정말 다양하지요?

선생님 질문 있어요 !?

Q 부모님은 안정적인 공무원을 하라고 하시는데 저는 그런 따분한 일은 하고 싶지 않아요. 저는 보컬트레이너가 꼭 되고 싶어요. 어떻게 하면 좋을까요?

A 대한민국 부모들이 자녀가 미래에 가졌으면 하는 직업으로 가장 많이 희망하는 것이 공무원 아니면 교사라고 합니다. 직업에서 보수, 안정성은 사람들이 중요하게 손꼽는 가치들입니다. 하지만 모든 사람이 이 기준만으로 직업을 선택하지는 않아요. 행복을 느끼는 기준과 가치가 사람마다 조금씩 다르기 때문입니다.

그러나 직업과 관련한 미래에 대해 부모님과 생각이 다를 때 자기 생각을 부모님께 설명하는 일이 쉽지는 않습니다. 그래서 부모님과 대화를 좀 해 보다가 서로 화만 내고 말거나, 일방적인 통보로 끝나게 되기도 하지요. 어차피 부모님은 내 말을 안 들어 줄 테니 소용없을 것이라 생각하고 대화를 포기하기도 하고요. 그러나 이렇게 되면 여러분이 희망하는 진로를 찾아가는 일은 더욱 멀어질 수 있습니다. 부모님은 여러분이 진로를 잘 찾아 행복하기를 바라시는 든든한 버팀목이기도 하니까요.

부모님을 설득하기 위한 전략 몇 가지를 알려 드리겠습니다. 첫째, 논리적인 설득을 위해서는 객관적인 데이터를 제시하는 것이 중요합니다. 커리어넷, 워크넷, 서울진로진학정보센터에서 진로 검사(직업 흥미 검사, 직업 가치관 검사)를 받고 그 결과물을 출력해 준비하세요. 이 진로 검사는 무료로 받을 수 있답니다. 직업 흥미 유형, 직업 가치관 등은 자신이 관심 있어 하는 분야와 소중하다고 생각하는 가치를 잘 보여 주므로 부모님께 제시할 만한 자료가 될 것입니다.

둘째, 보컬트레이너가 되기 위한 구체적인 계획을 세우고 관련 조사를 한 뒤 그것을 문서로 정리하세요. 일단 워크넷에서 보컬트레이너에 대한 객관적인 자료를 검색해 정리합니다. 또 보컬트레이너가 되기 위해 필요한 교육이 있다면 교육기관을 검색합니다. 만약 대학에 가야 한다면 관련 학과 개설 대학, 대략적인 합격 등급, 실기 준비 내용 등을 알아보고 정리해 보세요. 그리고 앞으로 이 과정을 준비하기 위해 어떤 노력을 하겠다는 계획까지 노트나 문서로 정리해 보세요.

셋째, 부모님께서 공무원이 되고 음악은 취미로 하라고 하신다면, 그것도 좋지만 공무원이 되는 것이 확률적으로 매우 어려운 일이라는 점을 말씀드려야 할 것 같군요. 2014년 4월 19일 시행된 9급 공무원 시험 경쟁률을 보면 전국에서 3,000명을 뽑는데 193,840명이 응시해서 경쟁률은 64.6:1 이었습니다. 물론 어려운 시험을 통과해 공무원이 될 수도 있지만 힘든 준비 기간을 견디고 도전할 만큼 그 일을 하고자 하는 의지와 바람이 있는지도 생각해 봐야겠지요.

무엇보다 이런 모든 과정을 조사하고 정리하는 가운데 자기 자신과 꿈에 대해 구체적으로 알게 된다는 것이 가장 큰 소득입니다. 이렇게 진지하고 치밀한 자세로 자신의 진로를 준비하는 자녀에게 부모님도 무조건 공무원만 되라고 강요하기는 힘드시겠죠? 여러분에게는 아직 진로를 결정할 시간과 기회가 많이 있습니다. 조금 더 여유를 갖고 여러 방향의 진로에 대해 찾아보고 경험해 보면서 부모님과도 생각의 차이를 좁혀 보세요.

i8

정의를 세워
사회를 밝히는 등불

✝

법조인

>> 『아니야, 우리가 미안하다』
천종호 지음 | 우리학교

아니야,
우리가
미안하다

따뜻한 신념으로 일구어낸 천종호 판사의 소년재판 이야기

SBS 〈학교의 눈물〉
천종호 판사의 진심어린 고백

오히려, 우리가 미안하다.

"피고, 000에게 무기징역을 선고합니다." 아, 이렇게 무거운 형이라니, 듣기만 해도 겁나고 무섭지요? 피고로 재판정에서 이러한 판결을 듣는다고 생각하면 가슴이 오싹해지기도 합니다. 그런데 이 책의 저자는 오히려 '미안하다.'고 말하고 있습니다. 판사님이 우리에게 무엇이 미안하다는 것일까요?

이 책의 저자인 천종호 판사는 '일진'에게 호되게 호통을 치고, 사건을 무마하기에 바쁜 부모와 교사들에게 쓴소리를 마다하지 않습니다. 소년원으로 송치되는 열일곱 살의 미혼모에게 배냇저고리를 선물하고, 굶주림으로 돈을 훔친 자매에게 용돈을 넣은 지갑을 건네주며 훔치고 싶은 마음이 들면 이 지갑을 생각하라고 말하기도 합니다. '잘못했습니다, 사랑합니다.'를 외치는 법정, 세상 어디에서도 만날 수 없던 색다른 소년법정의 모습을 보며 우리는 어리둥절해지기도 합니다.

저자 천종호 판사는 가정법원 소년부 판사이자 세 아이의 아빠입니다. 자나 깨나 소년 생각뿐이라는 뜻에서 '만사소년'으로 불리며, 먹구름으로 뒤덮인 것처럼 답답한 상황에서 온 세상이 순식간에 청명한 가을 하늘로 변하게 하는 듯 쩡한 호통을 친다고 해서 '호통대장'으로도 불립니다. 그 밖에도 '천 10호 선장', '바보' 등 재판 과정에서 만난 소년들로부터 얻은 별명이 나날이 늘어 가고 있는 중이라고 합니다. 소년들과의 소통을 위해 이리 뛰고 저리 뛰느라 정작 세 아이에게

만점 아빠는 못 되지만, '천 10호 선장'이라는 별명답게 난민처럼 밤 거리를 표류하는 소년들을 한 명이라도 더 구하기 위해 동분서주하는 나날을 보내고 있습니다.

이 책에서 천종호 판사는 '아이들이 방황하고 좌절할 때 우리는 모두 어디에서 무엇을 하고 있었는가?'라고 차분하게 되묻습니다. 굶주림과 가족해체로 비행을 저지른 소년들, 학교폭력의 가해자로 법정에 선 소년들이 다시 희망을 찾아 나가는 치유의 여정은, 삶은 누구에게나 놀라운 선물이며 희망은 늘 가장 낮은 데서 시작된다는 오래된 진실을 감동적으로 보여 주지요.

이 책은 법이라고 하는 엄정함을 넘어선 공감과 소통의 기록이며 현대를 살아가는 우리 모두를 위한 뼈아픈 반성의 기록이라고 할 수 있습니다. 처벌보다는 청소년들에게 올바른 길을 찾아 주기 위해 노력하는 천종호 판사의 열정과 사랑을 통해, 한 사람의 따뜻한 신념이 세상을 바꿔 나갈 수 있다는 희망을 발견하게 됩니다. 법이 있어서가 아니라 우리의 사랑과 관심이 있어 세상은 유지되는 것 아닐까요?

경진이는 중학교를 중도에 포기하고 2012년 3월에 가출하여 친구들 세 명과 함께 상습적으로 절도를 하다 소년재판을 받게 되었는데, 재판에 출석하지 않은 채 계속 절도를 일삼다 체포되어 2012년 7월에 구속영장실질심사를 받게 되었다.

구금은 소년의 심신이나 장래에 악영향을 미칠 수도 있기 때문에 소년법에는 부득이한 사정이 인정되지 않으면 소년에 대해서는 구속영장을 기각하도록 되어 있다. 하지만 경진이와 그 친구들의 비행 횟수와 내용이 크고 무거운 데다 재판에도 출석하지 않았기 때문에 특별한 조치가 불가피했다. 그래서 구속영장은 기각하되 기존의 소년사건을 근거로 그들 모두를 소년분류심사원에 임시 위탁하는 결정을 내렸다.

그런데 소년분류심사원에 위탁된 뒤 그곳에서 신체검사를 받은 경진이에게 뜻밖에 임신 17주라는 진단이 내려졌다. 그러자 경진이는 모르는 남자에게 성폭행을 당해 임신하게 되었다며, 낙태 수술을 해야 하니 집으로 돌려보내 달라고 떼를 썼다. 경진이의 말을 곧이곧대로 믿은 경진이의 아버지는 법원에 탄원서를 올려 선처를 호소했고, 소년분류심사원에서도 가급적 빨리 조치를 취해 줄 것을 요청했다.

3년간 소년재판을 처리하면서 임신한 경험이 있는 소녀들을 꽤 보았다. 소녀들 사이에는 임신을 하면 아무리 비행을 저질러도 소년원에 가지 않는다는 소문이 나 있었고, 실제로 그 때문에 임신해 있는 소녀들도 몇 명 보았다. 임신한 소녀를 전문적으로 돌봐 줄 사람을 투입할

여력이 없는 소년원 사정상 임신한 소녀들의 경우에는 특별한 사유가 없는 한 대부분 사회로 돌려보낼 수밖에 없고, 실제로 나도 그렇게 처분할 수밖에 없었다. 그런데 비행소녀들은 출산보다는 낙태를 더 많이 선택하고, 출산하더라도 아기를 직접 기르려고 하기보다는 입양시키는 경우가 대부분이다. 그러한 사정을 알면서도 사회로 돌려보내는 내 마음은 늘 편치 않았다. 그동안은 소녀들이 드러내 놓고 낙태를 하겠다는 의사를 밝히지 않았기에 양심의 가책을 덜 받을 수가 있었다. 하지만 이번에는 경진이가 공개적으로 낙태를 하겠다고 밝혔기 때문에 이전의 소녀들과는 사정이 달랐다.

진짜 문제는 그때부터 시작이었다. 경진이에 대한 처분을 어떻게 하느냐에 따라 경진이의 인생과 그의 배 속에 있는 태아의 생명이 좌우되기 때문이다. 임신한 점을 감안하여 경진이를 부모의 품으로 돌려보낸다면 이미 낙태할 의사를 밝혔기 때문에 태아가 어떻게 될지는 불을 보듯 뻔한 일이었다. 게다가 경진이의 경우는 모자보건법이 허용하는 낙태 사유에 해당되지 않기 때문에 집으로 돌려보내는 것은 불법 낙태를 묵인하는 꼴밖에 되지 않는다. 이것은 법관의 양심상 도저히 할 수가 없는 일이었다.

그러나 태아의 생명을 구하고자 경진이에게 2년간 소년원에 보내는 10호처분을 내린다면 미성년자인 경진이로 하여금 원하지도 않고 축복받지도 못한 아이를 출산하게 하는 것이 되니, 이는 그 아이의 남은 인생을 너무 가혹하게 만들 수도 있었다. 만일 내가 경진이의 아빠라면 이제 겨우 열일곱 살인 딸을 미혼모로 만드는 처분을 순순히 받아들일 수 있을까? 아빠의 마음과 법관의 양심이 계속 부딪치는 가운데 심리 날짜가 점점 다가왔다.

2012년 8월, 경진이와 공범인 친구들에 대하여 심리를 열었다. 먼저 공범들에 대해서는 소년원에 6개월간 보내는 9호처분 또는 2년간 보내는 10호처분을 내렸다. 그리고 많은 고심 끝에 경진이에게 10호처분을 내렸다. 법관의 양심과 더불어 이미 잉태된, 천하보다 소중한 한 생명을 지켜야 한다고 판단하였기 때문이다.

묻는 말에 사실대로 대답했기 때문에 집으로 돌려보내질 줄 알고 있던 경진이는 10호처분을 받자 울음을 터뜨렸다. 안타까움과 연민이 솟았으나 어쩔 도리가 없었다.

법정 밖으로 나간 경진이는 "사실대로 말했는데 왜 소년원에 보내느냐."라고 거칠게 항의하며 나를 향해 대놓고 욕설을 퍼부었다고 한다. 처분에 불복한 경진이는 2심 재판부에 항고(일반 사건에서의 항소에 해당)까지 했으나 기각되었다.

그날 법정에서 울음을 터뜨리던 경진이의 모습은 그대로 아프게 망막에 새겨졌다. 이후 경진이를 생각하기만 하면 마음의 평온이 깨지고 잠을 설쳤다. '장차 세상에 나오게 될 아이의 생명은 구했다고는 하지만 한창 피어날 또 다른 아이의 인생은 망쳐 버린 것이 아닐까?'라는 생각이 계속 머릿속에서 떠나지 않았기 때문이다.

* * *

"경진아, 판사님이 많이 원망스럽지?"

"처음엔 그랬지만 지금은 그렇지 않아요."

"거짓말하지 마라. 밖에서 내 욕하고 다니는 거 다 알아."

이 말에 경진이가 찔린 표정으로 우물쭈물했다.

"너 판사님 마음 이해하니? 너 때문에 마음이 아파서 아직도 잠을 설친다."

경진이는 아무런 대답을 하지 않았다.

국선보조인이 경진이가 소년분류심사원에 있는 동안 배 속에 있는 아이에게 쓴 편지를 제출하였다. 나는 경진이에게 직접 읽어 보라고 하였다.

"아가야…… 안녕…… 나는 너의 엄마이자…… 흑!"

경진이는 편지를 받아들고 낭독하기 시작하였으나 첫 줄을 채 읽지도 못하고 울음을 터뜨리고 말았다. 그리고 한번 터진 울음은 쉽게 멈추지 않았다.

아직 태어나지 않은 나의 아기에게……

아기야…… 안녕…… 나는 너의 엄마이자 아직 나이가 어려서 너에게 도움을 못 주는 엄마이기도 해.

너에게 엄마가 될 자격이 있는지는 모르겠지만 널 가졌을 때 또는 지금 마음과 생각들을 편지로 적어 보려고 해.

난…… 솔직하게 널 가졌을 때…… 낙태라는 안 좋은 마음을 가진 적이 있었어. 그리고 너도 알다시피 지금 너의 엄마라는 사람은 능력도 없고 도움도 못 주는 무능력한 사람이어서…….

얼마 전까지만 해도 내 몸에 있는 너를 창피해하고 거짓말도 하고 기형아일까 봐 낙태하려는 생각과 생활을 하고 있었지만……

너랑 같이 생활하면서 생각의 변화도 생기고 시간이 점점 갈수록 너에 대해 궁금하기도 하고, 너를 아껴 주지 않고 사랑 대신 상처 되는 말만 해서 미안한 생각도 들고……

너도 내 몸에서 살고 있는 귀한 하나의 생명인데……

그런 널 소중히 여기지 않고 가볍게 생각하고 몸조심해야 할 시기에 술, 담배, 약 등으로 널 괴롭히고 아프게 한 것 같아 미안해. 그리고 니가 내 몸속에서 자라지 않았더라면…… 내가 이렇게 바뀌지 못했을 거라는 생각을 했어.

정말 너에게 고맙고 미안해……. 그리고 이제부터는 태어날 때까지 내 몸속에서 아프지 않고 잘 먹고 잘 커서 씩씩하게 건강한 아이로 태어나길 바라…….

그리고 아가야~ 사랑하고, 얼른 보고 싶다~

경진이가 진정되기를 기다리며 한참 동안 지켜보다가 울음소리가 잦아들기에 물었다.

"아기는 어떻게 할 거니?"

"입양시킬 거예요."

대충 짐작을 했기에 달리 할 말이 없었다. 대신 준비해 둔 배냇저고리를 내밀며 말했다.

"이게 배냇저고리라는 거다. 아기 낳아서 처음 입히는 옷이야. 판사님을 원망하고 싶으면 해도 돼. 하지만 그 마음이 태교에 영향을 끼치면 안 돼. 아기를 낳을 때까지는 원망하는 마음일랑 일단 풀고 좋은 마음으로 태교에 힘써야 한다. 알겠지? 그리고 시간 나면 판사님께 들러라. 맛있는 것 사 줄 테니."

그리고 경진이에 대해 2년간의 보호관찰을 조건으로 보호자에게 위탁하는 처분을 내렸다. 경진이는 배냇저고리가 뭔지 잘 모른 탓인지 어리둥절한 표정이었지만 내가 건네는 종이 가방을 받아들고는 웃으면서 법정 밖으로 나갔다. 법관의 양심에 따라 고심 끝에 내린 결정이었지만 아빠의 마음으로는 미안함을 풀 길 없어 작은 선물을 마련했는데 기쁘게 받아 주니 고마웠다.

읽고 나서

1. 여러분이 평소 가지고 있던 '판사'에 대한 이미지와 이 책을 쓴 천종호 판사의 이미지는 어떻게 다른지 말해 봅시다.

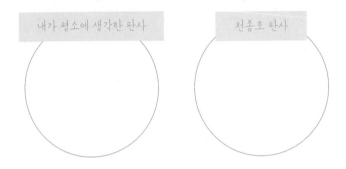

2. 경진이에게 2년간 소년원에 보내는 10호처분을 내린 천종호 판사의 판결에 대해 찬반 입장을 정해 친구들과 토론해 봅시다.

찬성 경진이가 낙태를 하겠다고 밝힌 상황에서 경진이를 집으로 돌려보내면 배 속의 아이는 생명을 잃게 됩니다. _____

_____

_____

반대 경진이가 아이를 낳으면 미혼모가 되고 아이도 행복한 가정에서 자랄 수 없게 됩니다. _____

_____

_____

3. 여러분은 이러지도 저러지도 못하는 딜레마 상황에서 어떻게 행동하나요? 다음 해결 방식을 읽어 보고 나의 행동과 비슷하다고 생각하는 만큼 빈칸에 색칠을 해 봅시다.

◇ 질서 정연하게 순서를 정해 문제 해결 방안을 모색해 본다. ○○○○○

◇ 급하게 결정하기보다는 며칠 동안 고민해 보면서 해결 방안을 찾는다. ○○○○○

◇ 어떤 선택을 하건 나에게 올 부정적인 영향보다는 긍정적인 방향으로 생각한다. ○○○○○

◇ 다른 사람에게 의견을 구하여 조언에 따라 행동한다. ○○○○○

◇ 비슷한 일이 있었을 때 대처했던 방식을 기억해 내서 해결한다. ○○○○○

◇ 정해진 원칙과 계획에 따라 행동한다. ○○○○○

4. 여러분이 소년재판을 담당하는 판사라면 다음과 같은 사건을 저지른 청소년에게 어떤 판결을 내릴지, 그런 판결을 내린 이유는 무엇인지 말해 봅시다.

〈사건1〉
열여섯 살인 선주는 아이들이 자신의 험담을 하고 다니자 그들을 폭행하고, 친구들과 가게에서 화장품을 훔쳤다는 등의 이유로 소년재판을 받게 되었다. 선주에게는 남동생이 있었는데 어릴 적에 식중독으로 사망했다. 아들의 죽음에 충격을 받은 선주 아버지는 아들이 죽게 된 것이 모두 부인 때문이라고 여기고 부인과 선주에게 폭력을 행사하기 시작했고, 슬픔을 달래기 위해 술에 의존하다 보니 알콜 의존증까지 갖게 되었다. 선주는 동생의 죽음으로 인한 충격과 아버지의 폭력에 대한 반항으로 초등학교 때부터 어긋나기 시작해 음주와 흡연을 예사로 했으며 친구를 폭행하고 절도까지 저지르게 된 것이다.

〈사건2〉

열아홉 살인 경태는 중학교 3학년 때부터 무려 4년 동안 열 명의 후배들을 상습적으로 폭행하거나 그들로부터 수백 회에 걸쳐 금품을 갈취했다. 경태는 열 명의 후배들을 메신저나 전화로 매일 불러내 돈과 옷을 구해 오라고 하고 증거인멸을 위해 문자는 반드시 지우게 하는 등의 치밀함도 보였다. 돈을 구해 오지 않으면 주먹과 발로 때리거나 심지어 당구 큐대로 때리기도 했다. 열 명이나 되는 후배들이 속수무책으로 당할 수밖에 없었던 배경은 경태가 읍이라는 좁은 지역에서 같은 학교에 다니는 직속 선배였기 때문이다. 키도 자신들보다 20cm나 크고 문신까지 새긴 경태가 두려워서 대항을 못 했고 어른들이 별다른 조치를 취해 주지 않기 때문이었다. 후배들은 경태를 보면 치가 떨렸고 우울증에 자살 충동을 느낄 때도 있었다고 했다. 경태는 "처음엔 그냥 돈을 가져오라고 말 한마디 했을 뿐인데 돈이 내 손에 들어오니 진짜로 뭔가에 홀린 것처럼 황홀했다. 그 뒤부터 마약처럼 습관이 되어 버렸다."고 진술했다.

• 판결

▶ 청소년 범죄의 처벌
- 부모 등 보호자에게 돌려보내 감독하고 보호하게 하는 것
- 보호관찰관으로부터 일정한 지도와 감독을 받게 하는 것
- 소년원에 보내는 것

미래의 법률가에게

앨런 더쇼비츠 지음 | 심현근 옮김 | 미래인

하버드로스쿨 교수이자, 역사상 가장 승률이 높은 항소 피고인 변호사로 불리는 저자가 35년간 변호사로 활동하며 겪은 풍부한 경험을 바탕으로 법률가의 세계를 소개하고 있다. 법률가라는 직업의 핵심 역할이 무엇이고 법률가는 어떤 자질과 소양을 가져야 하는지, 법률가를 꿈꾸는 청소년들에게 도움이 될 것이다. '흉악범을 변호할 가치가 있는가?', '의뢰인을 위한 행동이 개인적, 사회적 가치와 대립할 때는 어떻게 하나?' 같은 쟁점에 대해서도 생각해 보게끔 한다.

궁금해요! 변호사가 사는 세상

금태섭, 안상은 지음 | 창비

중학생들이 변호사를 직접 찾아가 인터뷰한 탐구서이다. 판사, 검사, 변호사를 모두 법률가라고 부르는데 어떻게 다른지, 청소년들도 죄를 지으면 처벌받는지, 변호사로서 현재의 삶에 만족하는지부터 법률가 되기 위해 무엇이 필요한지까지 해당 직업에 대해 학생들이 호기심을 느끼는 부분을 진솔하게 담았다. 법률가가 어떤 일을 하는지 구체적인 정보를 알 수 있는 책이다. 법의 '정의'는 무엇이고, '공정하다'는 것은 무엇인지도 생각해 볼 수 있을 것이다.

직업탐색

여러분은 옆에 있는 사진 속 조각상을 본 적이 있나요? 바로 법의 신인 디케 상인데요, 디케는 고대 그리스신화에 나오는 정의의 여신이랍니다. 로마 시대에는 유스티티아라고 불리기도 했는데, 오늘날 영어로 정의를 뜻하는 '저스티스(justice)'는 바로 여기에서 유래된 것이라고 합니다. 우리나라 대법원 앞에도 디케 상이 있는데 상대가 누구건 간에 공정하게 판결을 내리라는 의미겠죠? 그럼 이제 법원 안으로 좀 더 들어가 볼까요?

법원에 들어가면 우선 행정을 맡아보는 다양한 **법원직공무원**들을 만나게 됩니다. 법원직공무원에는 법원사무직과 등기사무직이 있는데, **법원사무직**은 재판을 보조하거나 관련 서류 업무를 담당하며, **등기사무직**은 등기소에서 부동산이나 상업 등기와 관련한 업무를 담당한다고 해요. 지금 법정에서 재판이 진행되고 있다니 참관을 해 볼까요? 쉿, 조용히 하고 따라 들어오세요.

정면에 판사님이 보이네요. **판사**는 법원에서 재판을 진행하고 판결을 내리는 법조인을 일컫는데, 법관이라고도 부르지요. 왼쪽 편에 **검사**가 보입니다. 검사는 범죄 사건을 수사하고, 범죄 여부를 판단하기 위해 피의자, 즉 죄를 지었다고 의심되는 사람을 법원에 기소하는 일을 담당합니다. 기소는 일정한 형사사건에 대해 법원의 판결을 구하는 것입니다. 오른편에 피고 옆에 서서 열심히 피고의 죄를 변호하고 있는 사람은 바로 **변호사**입니다. 변호사는 개인 간의 다툼에 관련된 민사사건과 범죄와 관련된 형사사건이 발생할 경우 개인이나 단체를 대신해 소송을 제기하거나 재판에서 그들을 변호하는 활동을 하는 사람입니다. 변호사 옆에서 자료를 넘겨주며 변호사를 도와주는 사람도 보이네요. 법률사무보조원으로 변호사의 법률사무를 돕는 직원인데 보통은 **변호사사무장**이라고 한답니다. 변호사 자격증은 없지만 법률 실무 전문가예요. 우리가 보통 법조인이라고 부르는 사람은 판사, 검사, 변호사 등이지만 법을 다루는 직업은 이외에도 훨씬 더 많습니다. 예를 들면 **변리사**나 **노무사** 등도 법을 다루는 직업이지요.

법을 다루는 일을 하는 사람들에게는 어떤 능력과 적성이 요구될까요? 법률에 대한 지식은 물론이고 많은 사건 자료를 읽고 이해하며 논리적으로 말할 수 있는 능력이 필요하겠죠? 또한 다른 사람들의 말을 귀 기울여 듣는 능력도 필요합니다. 무엇보다도 사회적 약자 편에 서서 정의를 실현하고자 하는 마음가짐이 우선이지 않을까 싶네요. 법조인들의 마음속 저울은 사회적 약자 쪽으로 살짝 기울어져야 공평하지 않을까요? 디케의 저울이 살짝 기울어진 것도 그 때문일 테니까요.

선생님 질문 있어요 !?

Q 저는 외교관이 되고 싶은 중2 여학생입니다. 어려서부터 외교관이 되고 싶었어요. 제 롤모델도 반기문 총장이고요. 외교관이 되려면 몇 살 때부터가 중요한가요? 혹시 늦지는 않았겠죠? 그런데 얼마 전 학교에서 홀랜드 흥미 적성검사를 했는데 저는 예술형이 가장 높게 나왔어요. 외교관보다는 예술 가 쪽으로 진로를 택하는 것이 옳을까요?

A 외교관이 되고 싶다는 꿈을 가지고 있다고요? 우선, 중학교 시기가 외교 관의 꿈을 키우기에 절대 늦은 시기가 아니라는 것을 말씀드립니다. 어떤 학생들은 아직 자기가 좋아하는 것이 무엇인지, 하고 싶은 것이 무엇인지 모르고 있는 경우도 많거든요. 그러니 조급해 하지 말고 마음의 여유를 가 지세요.

외교관은 본국을 대표해 외국에 파견되어 외국과의 교섭을 통해 정치· 경제·상업적 이익의 보호와 증진을 추구하며, 해외 동포나 해외여행을 하는 자국민을 보호하는 일을 합니다. 그래서 외교관이 되려면 사회 전반에 대한 폭넓은 지식, 영어와 기타 외국어 능력, 또한 냉철한 판단력과 예리한 관찰 력이 요구된다고 하네요. 또한 외교관은 우리가 생각하는 것처럼 화려한 직 업이라기보다는 국민을 위하고 봉사하는 직업이기에 무엇보다도 국민을 사 랑하고 나라에 봉사하려는 마음이 가장 필요합니다.

그러니, 중학생 시기에는 다양한 책을 읽고 신문을 통해 세상과 삶에 대 한 관심도 키워 보세요. 폭넓은 독서가 냉철한 판단력을 키우는 데도 도움 이 될 것입니다. 외국어는 여러 가지를 익혀 두면 더 좋겠지만 영어가 가장 기본이니 영어 공부에 좀 더 시간을 할애하고요.

또한 흥미적성검사에서 예술형이 나왔다고 무조건 예술 관련 쪽 일을 선택해야 하는 것은 아니라는 것도 이야기해 주고 싶어요. 물론 공신력 있는 기관에서 실시하는 심리검사들은 신뢰도와 타당도가 높습니다. 신뢰도와 타당도가 높다는 것은 다시 검사를 실시해도 같은 결과가 나올 만큼 일관성이 있고 정확하다는 것을 의미하지요. 그러나 100퍼센트 완벽한 검사는 이 세상 어디에도 없습니다. 검사 결과는 어디까지나 참고 자료로 활용하는 것이지, 결과에 완전히 의존하는 것은 바람직하지 않답니다.

예술적 감성이 뛰어난 외교관이라면 더욱 멋지지 않을까요? 한번 상상해 보세요. 멋지게 악기를 연주하는 외교관이나 그림을 그리는 외교관! 잘하는 일을 취미로 삼고, 하고 싶은 일을 직업으로 삼는 것도 얼마든지 가능하다는 것을 명심하세요.

국어샘과 진로샘이 함께 만든 진로독서

초판 1쇄 펴낸날 2014년 8월 11일
초판 9쇄 펴낸날 2023년 5월 12일

지은이 | 김영찬, 정미선, 정형근, 김윤희, 박주료, 안혜정, 윤미향
펴낸이 | 홍지연
펴낸곳 | (주)우리학교

편집 | 홍소연 고영완 이태화 전희선 조어진 서경민
디자인 | 권수아 박태연 박해연
마케팅 | 강점원 최은 신종연 김신애
관리 | 정상희 곽해림

출판등록 | 제313-2009-26호(2009년 1월 5일)
주소 | 04029 서울시 마포구 동교로12안길 8
전화 | 02-6012-6094
팩스 | 02-6012-6092
이메일 | woorischool@naver.com

ISBN 978-89-94103-78-5 43300